香港

罷工

之個案

行家點評

梁富華 著

# 香港罷工個案之行家點評

作者： 梁富華
（作者文責自負，不涉及任何工會或團體！）
e-mail:leungfuwah@hotmail.com

封面題字：馮萬如（香港服裝業總工會）

出版： 火石文化出版社
香港黃竹坑黃竹坑道50號W50, 20樓1-2室
業務查詢　電話：5395 7577　傳真：2528 4332
e-mail:3amotionpictures@gmail.com

印刷： **Goodwill Production Company**
九龍土瓜灣馬頭角道40號東南工廠大廈8樓A408室
電話：3998 3613　傳真：3998 3615
e-mail:goodwillpro2012@yahoo.com.hk

發行： 香港聯合書刊物流有限公司
新界大埔汀麗路36號中華商務印刷大廈3字樓
電話：2150 2100　傳真：2356 0735
www.suplogistics.com.hk

ISBN 978-988-79056-1-5
Printed in Hong Kong

# 前言

## 香港曾經發生過的部份罷工個案

梁富華

### 什麼是罷工？

**書本上的定義：**

工人集體杯葛，對抗僱主，不按規定工作，使生產中斷，造成僱主蒙受損失，而不得不與工人談判協調，接受工人的意見（中文百科大辭典——百科文化出版社第1021頁）。

勞動者為了獲得某些權利或利益，而集中停止工作的行為。它是勞動者進行鬥爭的重要方式之一。按罷工的目標和規模，可分為經濟罷工、政治罷工、同盟罷工、總罷工等（行為科學百科全書——中國勞動出版社第754頁）。

一般人都會如此認為：罷工，從來是勞資雙方進行博奕時，勞方最具有威脅性和殺傷力的武器！

但筆者經常思考的問題是：什麼情況下，才達至有效地使用這個工人階級的有力武器？換句話說，什麼條件和情況下，才應該罷工？

### 我認為：

1. 起作用或具威脅力的罷工，才是有效和有殺傷力的罷工——進行「有效」的罷工，必須具備某些客觀條件，即必須要在資方對勞方有所求時，例如：接了訂單必須交貨，否則會造成毀約，需要賠償；或可能會影響資方非常珍惜的商譽、

甚至可能進一步影響到資方將來接訂單和生產能力、社會秩序或市民正常生活將會受到很大影響的時候。罷工才會起作用，才具有威脅力。

2. 沒有作用或不具威脅的罷工──

相反，如在經濟不景、資方沒有生產的迫切性，或接不到訂單、工人數目過剩，或者有辦法另闢途徑安排生產；或響應罷工的工人人數過少，罷工的動作變為表態的動作，以致資方不為所動。出現這種情況，將會導致罷工行動不但沒有效果、參與者沒有得益，以致工人喪失信心和鬥志下降而趨於渙散。更嚴重的可能後果是：由於勞方暴露了實力的不足，進而處境比罷工前更困難、工會的生存和發展也會受到重大損失。

當然，有的時候，資方或統治者的措施，完全超過了工會所能接受的底線，例如開除或拘捕工會代表時，罷工成為了工會唯一的選項，則不應迴避而不罷工了。

3. 勞資雙方力量"非常不對稱"時的罷工──

最惡劣的情況是，當資方與政府(統治力量)結成同盟時，除非工會有超強的動員力和工人有極大的、同仇敵愾的團結力量，否則，罷工失敗的可能性也極大！

4. 不同角度的思考

罷工，有些工會說：這是勞資鬥爭時，最有力的武器，但只會在最後關頭、或者資方的做法，完全超過了工會的底線(如開除談判代表) 時才使用。只要資方有誠意談判來解決問題，就不會輕言"罷工"，以免惡化雙方關係，造成長期無法互相尊重、不能和平相處及得不償失的後果。

也有工會說：如果開始時不用罷工的手段，資方便不會感受工人的決心和工會的力量，因而不會拿出誠意談判！除了被拖延時間、甚至工人的力量被拖散，最後可能一無所獲。所以，盡可能首先採取激烈的手段(罷工) ，迫使資方拿出誠意、重視工人和工會的訴求，目標才有可能成功爭取。

兩種不同的觀點和不同的做法，帶出了工會在進行「罷工」之前，是否需要在工人中，進行組織力量、醞釀情緒、歸納不同的訴求，以求得統一的罷工行動，勞方具有一致的目標、嚴密的組織和指揮系統、相當經驗的指揮者、具備技巧的談判代表。所有上述的各項客觀條件，是否必需的？或者是起碼需要的？

在本書中，筆者試圖分析部份香港開埠以來，曾經發生過的大大小小的十多宗、本人掌握資料比較充分的罷工個案，就其發生時所處的歷史時期、勞資雙方的實力對比、資方的無良和殘酷剝削的程度、勞方訴求的合理性等，所有勞資雙方各方面的對比，來加以闡述和分析。從而得出我認為：所有罷工行動合乎邏輯、具可操作性的基本點，這就是工會工作者應該考慮罷工行動的基礎點。

本書主要是從勞方的利益立場和角度出發，把發動罷工時需要具備的客觀條件，事件發生後的成敗得失，加以分析，並向讀者鋪陳。我也會把在香港不同概念、不同理念、不同意識型態下常見的各類工會的手法，加以比較和分析。

本書涵蓋1884至2018年的百多年中，在香港曾經發生過的十多宗罷工個案，其時真實歷史背景，和勞資(官)各方的具體應對和做法。

歷史是很複雜，所以有所結論是不容易的！

在本書中，筆者盡量以自身在工會中，工作四十多年的實際操作維權個案經驗、近距離觀察所得，嘗試以一個"行內人、工會工作者、主抓權益工作者"的角度，去分析曾經發生過的罷工個案。

為什麼本書只談香港？因為這是我終生工作、生活熟悉的地方。

為什麼不談香港以外的個案？因為全球有二百多個國家和地

區，各地歷史、文化、宗教、民族傳統、工會力量和政府對待工會態度的不同，加上不掌握細節，故此不打算在本書內討論。

例如，2019年2月台灣中華航空公司(華航)機師罷工，他們選擇在春節期間客運最繁忙的時候動手，罷工的影響力發揮得很大。但奇怪的是，談判代表(工會的理事長)卻是長榮航空的機師；罷工過程中出現了一批華航的地勤員工出來反對機師罷工。在罷工的過程中，台灣當局的態度，與三年前另一宗華航空中服務員罷工時，應對很不同！上次台灣執政當局，反應很快，而且很短時間便答應了勞方的所有訴求不一樣。個案中民進黨政府究竟如何考量，我並不掌握。

相隔時間不長的另一次罷工，台灣的"交通部"反應遲緩，"部長"林佳龍近十二個小時後才出現，沒有像三年前華航空中服務員罷工事件中的積極表現一樣。他既沒有提出解決方案，更沒有積極介入調停。以至勞資雙方談判斷斷續續。"交通部"亦沒有整理報告談判過程，任由雙方各說各的。"行政院長"蘇貞昌和副手陳其邁則輕描淡寫，只期望雙方能妥善解決云云。至於"總統"蔡英文則到罷工第四天才開腔，同樣不痛不癢。但是，三年前華航空中服務員罷工事件中，她完全站在勞方立場，更火速撤換華航董事長，並全盤接受勞方提出的訴求！

兩次事件，為何當局的處理手法，會有天壤之別呢？筆者並無具體資料可用作分析。

故此，限於筆者的水平，對香港以外的罷工個案，因缺乏具體資料，故恐怕做不到深入、客觀、條理分明的分析和評述。

還有，各地民族、宗教、歷史、文化、傳統各異，無法以同一個標準去比較其成、敗、得、失。再試舉一例(與罷工無關)，2004-2005年間，筆者受工聯會資助，指派往英國足足停留了一個學年。近距離觀察英國的工會。有趣的是，英國工會之間有一個題目引起了爭論，就是工會應否遷就英國工人喜歡飲啤酒、浦pub的嗜好，在工會開設酒吧(PUB)？以吸引工人群眾接近工

會，從而參加和支持工會？贊成的意見認為這是好事，只要合法和受工人群眾歡迎的事，工會就應該做。而反方則認為，工會的工作主要是搞抗爭行動的，以爭取勞工的直接權益為主，開辦酒吧不是工會的工作。

但觀諸香港的工會，俗稱"蛇齋餅糭"的活動，不管是什麼意識形態、手法無論是溫和、保守或激進的工會，大家都不會爭論，而且均會經常舉辦這些活動。

故此，本書只會集中討論、分析香港境內的罷工個案。由1884年的反法罷工、1922年的海員大罷工、1925年的省港大罷工，以至近年的罷工個案，只要有具體資料，都希望能夠客觀地一一加以論述、分析和點評。

筆者分析和評論每宗罷工個案的成敗得失，量度標準是，在罷工事件結束後：

1. 工會的力量是否壯大了？工會在事件後的中、長期間的會員是否增加了？

2. 涉及的工人，利益是否多了？保障增加了、勞動條件和收入待遇是否改善了？

3. 僱主(資方)會否因罷工而更加重視該工會的代表性，從而作為談判、協商、協調的一方，而更重視工會提出的意見？還是相反地，視工會為必須徹底消滅的對象？

4. 是否促成了政府同意因此事件的爭議內容，而產生了勞工立法的推動力？

5. 事件中響應工會號召的工人是否佔有相當的比例？

6. 資方在罷工事件中的生意和業務，是否受影響和損失較大？

7. 工會發動罷工時，是否理據充分、為員工接受、甚至是在資方的措施觸及了工會的底線時才有所行動(所謂底線思維)？

例如是在資方開除工會談判代表等最惡劣的手段之後？

筆者認為：發動罷工的"工會"（因為現實中，某些歷史時期，殖民地政府為加強控制而不批准成立工會。因不批准成立工會，故發起行動時，不一定以工會名義行事；但另一個極端是，近年政府或媒體，隨便地稱呼發起行動的團體為工會，所以，名稱並不重要！），但衡量成敗得失的標準應是一致的。

事件不成功(或失敗)的點評標準：

1. 事件後，工會的數目增加而會員減少；

2. 響應工會(有些叫大聯盟、關注組)號召而跟隨行動者甚少，甚或不成比例；

3. 事前沒有遵從適當的程序，例如正式徵求工人意見、收集和歸納不同的訴求，沒有舉行員工會議、沒有按多數人的意願行事；更惡劣的做法，是找來一些不相干、並非有關的人來起哄，阻礙資方經營、影響顧客，從而迫使工人被動地跟著主事者行動！

4. 主事者與工人的溝通，依靠傳媒多於與工人直接溝通；

5. 脫離實際地採取孤注一擲、搏運氣的方式行事；以意識形態劃界，而非以工人的利益行事；

發動罷工的工會，事件後能否在涉事企業或行業中生存和發展？能否成為資方談判、對話的對象？工人的實際利益有否增加？

這是衡量成效的標準。筆者會嘗試以此為尺度，去點評書中的每一件個案。

還有一個促使筆者執筆成書的非常重要的原因，是縱觀過去近一個世紀出版的有關工會或工人運動的書，除了《香港工運史》和《左派鬥爭史》的作者周奕先生，曾經在工會工作的實踐

上，有所實際涉獵之外。其他此類書籍的作者，都是學術界人士居多，或者是名義上好像是"工會人士"所寫的。但此類人士，有些是在工會中時間甚短，或者是搞不清楚什麼是工會？憑著一股橫衝直撞的勇氣、或者是要參加選舉，故期望短時間內增加知名度，但無論是理論和實踐，都是不甚了了的。這些情況，促使筆者思考——可否以一個在工會工作時間比較長、有大量的實踐作為基礎，給有意於在工會運動領域有所研究的專家、學者、本地工運理論研究人士，提供素材呢？

另一個因素也令筆者有信心完成此書的，是本人在2018年出版的《工人　工會　工棍》一書，頗受歡迎。售書的收入，完全抵銷了筆者出版此書的支出，甚感欣慰之餘，遂鼓其餘勇，繼續努力。

梁富華2021年6月於香港

# 目錄

# 何啟明

勞工及福利局副局長
前立法會議員

維持香港社會穩定繁榮，令市民安居樂業是香港政府責任之所在，當然其中包括大量錯綜複雜的互動。勞資關係是香港社會中一項重要的關係，與388萬勞動人口息息相關，當中如何互動、雙方如何平衡、政府如何介入是一種高深的藝術和取捨。但無論如何，他們的目的都是回應句首的目標：維持社會穩定、經濟繁榮，而市民在職場上感到滿意。

梁富華前輩是近年香港工運中的一名骨幹與決策者，並且在香港工運史中注定會留下他的名字。在他的上一本著作中，包括我在內的讀者可以見到他對所處理過的工運事件中的精闢獨到的見解和做法，以及其中不為人知的互動。當然在數十年後的今日，那些互動已不屬於機密，姑勿論您贊同他的角度與否，這些事件的還原對這一代的工會工作者、工友甚至政府同事亦會是一份極有意義的教材：示範了如何組織、如何互動、如何定調、如何結尾。由於今天實戰機會少，這些經驗更是難能可貴。

工會運作是一種源遠流長的民間組織的活動，而當中團結工友進行合法罷工，更把這種團結力量發揮極致：不惜冒著損失生計的危險，也要一起爭取僱主答允某些要求。這種暫時不履行自己工作責任的方法，理性自律，雖然對僱主這個暫時的對家「損敵八百，自損一千」，亦對於其他普通市民帶來一定的影響，但卻不會帶來其他財物的損失。正如作者在1989年中巴罷工個案中提及，工會曾向市民發出《告全港市民書》，向市民解釋罷工帶來的影響及原委。因此，政府亦對這種比較自律的做法提供法律保障，透過立法保障工友，確保工友發聲的權利。

不過，罷工的含義在香港可能越見含糊。例如有人數極少的罷工，公司及社會運作不受影響卻得到傳媒廣泛報導；亦有透過影響交通，妨礙他人上班，從而令普通市民參與所謂「罷工」；亦有為影響政策決定，而在自己所屬的公營機構罷工，期望自己僱主向政府施壓。如此種種「罷工」，似乎與作者文中所敘述的罷工的性質亦不盡相同，究竟這是工會運動的新路向？還是借用「罷工」之殼，進行一般意義上的社會運動？期望各位讀者和我一樣，在細讀作者這本新著作後，借助作者的工會工作者視覺，了解這些前輩的工作手腕、決策考慮以及取捨的決定，更深入了解一件件社會事件更立體的真相。年輕人注定會接棒管理社會，但不注定管理得好。借古鑑今，以史為鏡，肯定會讓我們一起把香港變得更好。

2021年初

# 麥美娟

工聯會副會長
立法會議員

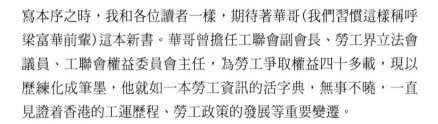

寫本序之時，我和各位讀者一樣，期待著華哥(我們習慣這樣稱呼梁富華前輩)這本新書。華哥曾擔任工聯會副會長、勞工界立法會議員、工聯會權益委員會主任，為勞工爭取權益四十多載，現以歷練化成筆墨，他就如一本勞工資訊的活字典，無事不曉，一直見證着香港的工運歷程、勞工政策的發展等重要變遷。

一路走來，工會的發展全靠一班工會前輩，用言傳身教的方式，把工會的精神和故事傳承下去。記得當年我的啟蒙師傅之一、工聯會貨櫃業職工總會前秘書長陳濤也常教導我，工會工作者必須時刻銘記「從群眾中來　到群眾中去」的工作核心本意，認識華哥多年，他曾在不同的崗位服務皆充分體現出這份重視群眾、回歸群眾的精神。

工會工作本很單純，目標亦很明確，就是為勞工爭權益。唯隨著近年香港社會矛盾尖銳，我們卻看到有些反對派把政治滲入工會，本末倒置地把政治利益凌駕在工人權益之上，與成立工會的目的背道而馳。我認為工會工作者實在要引以為戒。

工會理應做好本業，專注支援勞工，無論在推動勞工政策，抑或處理工潮等勞資糾紛也好，心態決定一切，尤其作為工會工作者，如何憑扎實的工作得到群眾的信任和支持都是很大的考驗。而華哥對維護勞工權益的認真、堅持和魄力，絕對是我們好好學習的模範，亦因為他心中那團「火」，過去成就、推動了很多勞

工德政，幫助過無數工友解決困難，社會很需要更多像他那樣務實、事事以工人權益為本的工會工作者。

不忘初心，深入群眾，我們一起繼續努力維護打工仔女權益。
共勉之！

2020年末

**伍錫康**博士
香港大學商學院教授

◆

欣聞工運界領袖　梁富華先生「雅筆再揮」，為香港缺乏具份量在勞工領城之文獻，再作精辟之貢獻。他不久前面世之新作，要旨亦是針對香港較為別具特色之勞資糾紛事件及格局，以深入淺出之筆鋒，作嚴謹而精辟之論說。

梁先生數年前之首部著作《工人　工會　工棍　之我見我評》，獲得來自工會、勞工界，以及人力資源等專門從事者之極高評價，好評如潮，有洛陽紙貴之姿態。他這承先啟後之第二部作品，相信亦是勞工界及研究勞工問題學者之所殷切，我們期待這書將會很快面世，屆時相信亦將會是「一紙風行」。

倘若回顧香港工運史，香港工會運動，不乏具有波瀾壯闊之輝煌之一頁。這個華洋雜處、多元化之商業城市，受西方工運模式思想影響下，現代工運在二十世紀初期，開始凝聚成型，其性質亦與西方工會運動相若，就是對資本家，特別是外商，剝削性之經濟及權力控制之挑戰，以集體結社、守望相助之集腋成裘式，與僱主周旋。由1919年「五四運動」所引發之愛國情緒，亦成為促成香港工運萌芽成長之催化劑。機工、海員、洋務等行業，成為風雲一時香港工運之搖籃，香港工會與廣州工會及上海工會互助呼應，成為中國新工會運動之三元中心，以至中國共產黨在1921年成立，與及中華全國總工會在1922年凝聚誕生。

振興中國與香港工運，亦成為在上世紀二十年代此起彼落之工潮主要動力。這時期罷工浪潮，在香港更為頻繁，可謂接踵而來，首先是1920年的「機器工人罷工」、1922年之「海員大罷工」、1925至1926年之「省港大罷工」。

在第二次世界大戰前，香港勞苦大眾，主要是來自南中國一帶，特別是廣東省，以旅港身份，在這個英治的地方，以勞力謀生、維持家計。他們故鄉情濃，愛國情緒經常持久不變。中港工運，在上世紀二十年代，雖尚處於初生階段，但由於愛國及長期受壓於強勢的資本家之下，展現高度愛國及自我保護之團結精神。

這個新興的中、港工運，在方興未艾之愛國情緒刺激下，成為幾乎是標誌著愛國情懷及反對外國帝國主義之「國民精神」，因為香港憑著身處境外，但心處國內之特點，再加上英國素來包容工運之傳統量度，遂成為中國工運之海外中心。

上世紀二十年代，此起彼落之工潮，特別是舉世矚目之「省港大罷工」，波瀾壯闊，可說是在中國以至全球勞工領域，空前絕後。放諸於中港工運歷史這時亮光度，二十年代之工潮運動，以香港為核心，可說是香港，亦可說是中國工運一個顯赫的「里程碑」。

讀古論今，上世紀二十年代之中港工潮起伏之經驗，有三處值得我們在現今社會參考或借鏡地方，梁先生在書中論述行文，亦有作出類似接近之見解及剖釋。

其一，就是工會及工會運動應根據是「結社」組織，以眾志成城之團結性，去與僱主資本家或其管理代理人周旋，以爭取較佳僱傭條件及議價能力，就之集體權利之原意，然而集體談判能否成功，卻須視乎工會內部工人團結之程度，若是眾志成城，則成功機會較高，「合謀」(collaboration conspiracy) 成事，「合謀」這觀念在集體勞資關係這領域上，有其特性，相信梁先生在行文裡，將會就這個觀念作清晰演譯。

其二，就是倘若論到工人團結，作為工會力量的主要支柱。所謂

團結(英語Solidarity)而波蘭就憑「團結工會」即Solidarity在華理沙領導下，走上民主化之路。

就勞工結社為工人發聲，或參政以立法手段，或是憑結社凝聚自我之集體力量，皆隱含經濟(即薪酬待遇等物質性之訴求)之目標及功能，到改善受僱者之生活質素之恆久目的，亦有其政治立場與期望。簡括而言，就是論者所說之「經濟及政治功能及使命」。相應而言，工會亦常意用經濟及政治上之「培幹」或手段，作為向僱主及政府或其他「持份者」施壓，以遂其目標或期望。總括而言，不少歷史上中外之大型勞資糾紛及罷工工潮，就以「海員大罷工」與「省港大罷工」為例，皆具有經濟及政治性之目的及期盼(Economic and Political Ends) 兩者互為表裡，而罷工這項被視為工會之最後武器，往往就是經濟與政治兩種願景，混集結合，而難於判斷任何一項罷工形式之工業行動，以一刀切之泛論方式，將其勉強標籤為「政治類」或「經濟類」之工業行動。回顧海員大罷工與省港大罷工，各臚列一系列之要求，例如改善工資，表面雖屬經濟性之要求，但卻含隱著向僱主及當時強勢的香港殖民地政府，有著重大之政治性動機。一般而言，不少法律管轄區，以至1975年(是年香港政府制訂「勞資關係條例」以代替「非法罷工及閉廠條例」，就是對所謂「非法罷工」，往往同具矛頭指向政府之政治目的，而被界定為「非法罷工」，這個較為含糊之觀念作較理性化的修訂。)1975年訂立「勞資關係條例」，因而撤銷「非法罷工及閉廠」之觀念，令香港徹底對所有罷工行為包容，就是等如宣告香港有罷工自由之保障。

至於第三項，因省港大罷工引發之影響罷工成或敗之條件因果，海員大罷工之成功，就是能夠掌握因時制宜之靈活性；相對而言，省港大罷工，由於牽涉各方漩渦過大，持分者界別不同，但最決定性者，就是蹉跎日久，不論環境因素，地域政治因素，以至官商由支持罷工反向而支持政府，加入施壓而叫停罷工，因此此消彼長下，省港大罷工在曠日持久下，逐漸氣勢退縮而全面崩

潰。

若觀梁先生雅筆下，論述當代之勞資糾紛及工潮性質的定勢佈局，上述三種影響著工潮及工運發展之因素，當有適當而具啟發性之闡述。

我們期盼梁先生之雅作，在不久將來面世，對認識香港勞工及工運行動之過去、現在及未來，當有一定之貢獻。

2021年4月

# 陸頌雄
工聯會立法會議員

如何看一場罷工的成敗得失？常言道：「外行看熱鬧，內行看門道。」外行人看熱鬧，對罷工的理解，可能就是為工人爭權益，振臂一呼，期待罷工過程波瀾壯闊的畫面，傳媒就希望有故事可寫，鎂光燈下的畫面夠精彩，更有政治人物的介入可能關心罷工帶來的政治效果，這些外行人，很多都是重視過程多於結果，之後的發展就更不會是外行人所關心的。

而真正的工會中人所關心的是工人的真正利益，梁富華先生就是內行人的佼佼者，他可以協助讀者看到罷工和工運的門道。本質上，罷工是工人對資方的戰爭，但與此同時罷工的目的是改善工作待遇，而不是罷工本身，如何鬥而不破就是一門藝術，罷工者與資方鬥智鬥力的過程中，參與其中的工友都要承受不同的壓力，群眾的心理十分複雜，決策和動員的過程也不簡單。作為工會工作者，亦要著眼於工人在行業和企業的長遠發展利益，如果罷工只得到短期的勝利，甚至「贏咗掌聲，輸咗份工」，這些對工人本身和工運發展都是極度不利的。

非常榮幸，能為師父梁富華的新書寫序，令我回想起他過去很多的指導點滴。我十分期待師父的新書，相信梁先生對工運獨到的理解和視角，結合理論和多年實踐經驗，集結成書，對思考香港未來的工運，實在不可多得，亦有助公眾撥開罷工與工運的迷思。

2020年末

# 馮浩萍
前勞工處高級勞工事務主任

風起於青蘋之末，一場工運的產生，固有其內在因素，與外在大環境也有著密切的關係。工人階級揭竿而起，豈屬無因，放著安定的日子不過，而擔承「飯碗」不保的風險，與資方對著幹，必有其不可與言的苦衷。歷來的工運，仔細研究，往往有蛛絲馬跡可尋，只是當事人未能看通而已！

富華兄退而不休，從事這方面的研究，孜孜不倦地蒐集歷來較大型且與工聯會有關的工運活動，從遠年的海員大罷工，省港澳大罷工，到五零年代的電車工人大罷工，以至本世紀初的香港飛機工程公司「培訓工」罷工等，他在本書均娓娓道來。從這些大罷工當中，可管窺當時國際大形勢的變遷，以「培訓工」罷工為例，工人不為自身福利謀，而以爭取技術受訓的機會為目的，可見於經濟開放後，當時中國各階層力爭上游的毅力與決心，也成就了今日中國的國際地位。富華兄於敘述個案後的點評，更是「畫龍點睛」之筆，以一位從事工人權益多年的資深工作者角度，點評事物，雖只是一家之言，但個中不乏值得後來業者思考之處。

展讀富華兄這本新作，使我們領略到每次工運的開始、發展以至其終局，並不以任何一方的主觀意志為依歸，涉其事者的處理手法就顯得甚為重要。任何一起罷工，必引致社會資源損耗，人心不穩和社會紊亂等，因此，勞、資、官三方的通力合作，始能達致三贏局面。

在本書中，我這曾從事勞資關係工作多年業者，讀後也獲益不淺，想讀者亦必有同感。「工會、工運、工棍」一書後，我十分樂意再一次替本書作序，向大家推薦富華兄這本力作。

2020年11月

# 鄧世麟

前勞工處勞工事務主任

「外行看熱鬧，內行看門道。」

富華兄的新作，以《罷工個案行家點評》為書名，確是名實相符。富華兄是香港工運的資深領導人物，多年來，在爭取勞工權益的戰線上，無論在議會裡、談判桌上和工潮所在的工地或街頭上，都可以聽到他的聲音、看到他的身影。他參與過如此多的實戰，又長於觀察及善於客觀分析和總結經驗，不愧是這方面的行家裡手。由他去點評罷工個案，深慶得人。

讀過富華兄2018年的前作《工人、工會、工棍　之我見我評》一書的人，除了欣賞他的生動活潑文筆、細緻又翔實的叙事和富邏輯有系統的分析外，也會看到他處理爭取勞工權益事件時十分有理、有利、有節，有謀略又不失君子之風。這本書很精彩。新作則挑選點評十多件發生在香港的有代表性的罷工個案，遠自1884年反法(國)罷工，近及2018年的九巴女車長罷工事件，其中有不少他親歷其事。可以期待，這也是一本精彩之作。

罷工是勞工爭取權益的集體抗爭手段。中國工人階級正式登上歷史舞台，是上世紀初的大事，香港工人身處被外國人攫奪的香港，居然可以在20年代掀起了兩次影響深遠、波瀾壯闊的大罷工：1922年的海員大罷工和1925年的省港大罷工。前者爭取中國勞工不受種族、國籍的歧視；後者更是書寫了中國人民爭取國權、反抗帝國主義的鬥爭的歷史上光輝一頁。我們在香港生活的人也與有榮焉！

新書敘述和點評了二戰前後的兩次的士罷工、1950年的電車罷工。後者除了是勞資糾紛外，也是一場香港工人跟當時充滿種族主義的港英殖民政府殘暴不公手段的抗爭。書中其他的章節中有代表產業工人爭取權益的案例的1975年香港實業罷工事件。進入80年代末，引發罷工的起因多是經濟屬性的，如中華巴士罷工(1989)，香港仔隧道罷工(1994)，港機工程公司罷工(1999)，扎鐵工人罷工(2007)，國際貨櫃碼頭罷工(2013)…。富華兄在這些事件中部份親歷其事，其中有些個案為解決糾紛作出很大貢獻。

每次路經九龍上海街和佐敦道交界，抬頭看到統一大廈三樓外牆寫上的「香港海員工會」六個大字，就會想起差不多一百年前，中國工運前輩(也是先鋒)的海員群體，為抗議洋人老闆歧視華人員工，爭取有尊嚴、合理的工作條件，團結起來，發動罷工抗爭，終令洋人老闆屈服。港英殖民當局老羞成怒，為了阻止支持海員罷工的工友步行返廣州，悍然開槍射殺，並一度奪走工會的牌匾。今天殖民統治已成過去，社會趨向文明進步，這樣的野蠻事情在香港不會再發生了。我在上世紀70年代末期開始在勞工處工作，參與過一些工潮的調解工作，也見證着勞工權益的保障水平一直提高，但回首過往，看到工會人一路走來，確是不易。他們堅毅的意志、奉獻的精神、對勞工兄弟姐妹的關愛、真摯樸素的愛國心，我深深感動。

2020年末

## 廖國柱

東方報業集團新聞社副總監

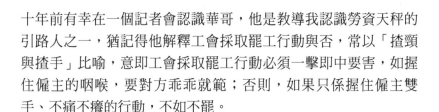

十年前有幸在一個記者會認識華哥，他是教導我認識勞資天秤的引路人之一，猶記得他解釋工會採取罷工行動與否，常以「揸頸與揸手」比喻，意即工會採取罷工行動必須一擊即中要害，如握住僱主的咽喉，要對方乖乖就範；否則，如果只係握住僱主雙手、不痛不癢的行動，不如不罷。

有了必勝把握，尚要迅速和保密地執行，華哥在行動前，必會勒令同儕不能洩露半點風聲，即使再要好的傳媒朋友亦要三緘其口，務求以迅雷不及掩耳的速度，殺僱主一個措手不及。

時移勢易，現時工會林立。華哥的處事方式與新一代工會人，或許已經顯得格格不入，現時有些"工會"，行動成功與否已變得無關痛癢，工友飯碗更是一文不值。他們重視的是能現身鎂光燈下，為日後社交媒體留下成功抗爭的形象與痕迹，以便成為從政的光輝歷史。

經濟衰退，工友又要經歷任人魚肉的艱難時刻，罷工之聲幾成絕響。然而，周而復始，市場復甦之日，正是揭竿起義之時，僱主一旦詐傻扮懵，不與工友分享經濟成果，罷工之聲肯定不絕於耳。屆時，一眾打工仔要分辨工會與工棍，甚至學習勞資天秤的平衡之道，此書必能給予一個重要啟示。

2020年11月

# 楊 云
一國兩制研究中心研究主任

近年，「罷工」、「工會」等詞語愈來愈常見於公共領域。尤其是2019年一場令香港翻天覆地的政治運動期間，「罷工」三不五時被「發動」，甚至出現想如常上班的市民因為交通系統遭癱瘓而「被罷工」的情況。及後，反對派政治陣營為了其「奪權」計劃，劍指立法會、特首選委的勞工界別，發動成立「工會」以種票。一時之間，「罷工」與「工會」成為流行概念，但深究下去，何謂「罷工」與「工會」，又沒幾人可以說得清楚，成為香港人既熟悉又陌生的事物。

「罷工」、「工會」是手段與組織，其所承載與展現的主體是「工運」—「工人運動」，以維護勞工權益、促進勞工福祉為動力與目標。然而，香港處於資本主義的現實政治，作為左翼力量的「工運」一直未能有力進入公共議題，更出現低潮的情況。尤有甚者，2019年出現的「罷工」與「工會」浪潮，流於政治掛帥，徒具表面形式與口號，內核與「工運」分離，甚至誤導了公眾對「工運」的認識與理解，以為「工運」就是會擾亂社會安寧。正值香港「工運」面臨危機之時，工運前輩梁富華先生著述了這本《罷工個案行家點評》，正好點了一盞明燈。

筆者畢業後從事政策研究工作，首份工作即與勞工研究有關，其時認識了梁富華（筆者輩份較淺，不敢如其他人般稱其為「華哥」，故以「梁生」稱之）。梁生對我等後輩一方面勉勵有加，另一方亦時常告誡我們研究要結合實務經驗，不可空談理論口號。這種心態與其多年來參與工會發展、勞工維權、公職事務（如立法會勞工界議員、勞顧會成員）的經驗有關。梁生雖然並非學術界出身，但憑其多年實戰經驗，以及深刻思考，對工運（尤其是香港工

運)形式了一套獨特的見解,呈現於此書之中。如其對「罷工」的成敗得失,自有一套衡量判斷標準,給人一種「外行看熱鬧,內行看門路」之感。相信讀者跟隨梁生在書中對多個罷工個案的剖析,除了汲取當中的經驗,更能學習到一種眼光,對日後的「罷工」、「工會」、「工運」自有一番更清晰的看法,不至隨波逐流。

梁生除了是工運先鋒,也是愛讀書之人,其不時引用文豪馬克吐溫所言:「一位不閱讀好書的人,比起那些不能讀書的人並沒有佔優勢。」(雖然此句是否真的馬克吐溫,尚未有充份查證,但作為格言,確實不虛。)梁生近年少了公務枷鎖,除了繼續讀好書外,也開始為讀者寫好書。2018年那本《工人工會工棍》是個人經歷,直書多年所見所聞,令人拍案叫絕,書也叫好叫座。如今這本《罷工個案行家點評》,梳理多宗重要個案,將會是香港工運研究的重要材料,也是工會實務者的必讀書目。

筆者工會資歷甚淺,被梁生邀請為此書寫序,雖然慚愧,亦不敢推辭,寫下此篇簡單介紹,希望與讀者透過此書一同學習,共得裨益。

2020年末

# 楊就勝

◆

梁生是我在機構內十分敬重的一位前輩、朋友和領導。他從退休前便一直說要寫一本關於香港歷年發生過的罷工專著，今天這本書得以面世，實屬可喜，作為後輩的我們亦翹首以待。

在香港，工運這個題目並不熱門，研究本地工運的學者或人士亦寥寥可數，能夠兼具理論及實踐經驗，而又有心思把香港工運歷史紀錄下來的，梁生更是絕無僅有的一位。畢竟在這世道，不為名利的有心人實屬難能可貴。工人運動對於香港的社會變遷和改革，一直有着其不可或缺作用，這本書把香港重要的罷工事件紀錄下來，相信讀者讀畢此書將對香港的社會、政治、經濟、民生的變化有一個更全面的認知。

梁生是一位可敬的工運前輩，他對於香港回歸前後的工運事件了然於胸，是一本香港工運的活字典，不然他也寫不出反對派紮鐵罷工是「資資矛盾」（有興趣的人請看梁生的《工人、工會、工棍之我見我評》一書）。他與不同派別的工會也「有計傾」，因此，由他寫的罷工事件，可以讓大家從多角度了解事件真象。

梁生是一位勞工權益專家，由於他有多年與資方周旋的經驗，他對勞工權益亦有其獨有見解。我們後輩從他口中聽過了不少他有份參與的戰績，如堵塞香港仔隧道、機場地勤員工發動3小時的警示性罷工、甚至在社會經濟不景時，先帶領工人接受暫時的減薪，一年後再成功策劃加薪行動！這些事蹟都讓人聽得津津樂道。是我們這些活在「太平盛世」久了的人，難以輕易想像的。

記得我曾經問過他，勞工法例日臻完善，市民知識又日益提高，未來勞工維權的工作空間是否越來越細？梁生並不同意，他認為勞資矛盾並不可能消除，只要勞資關係一日存在，維權工作就仍有得做，當然手法需要革新。

梁生認為搞罷工，必然是要勒住老闆咽喉，但亦要「有理、有利、有節」，為勞資雙方留下迴旋空間。不像反對派的罷工，只為搏出鏡，對老闆無法造成威脅，最終受苦都仍是一眾工友。相信梁生藉住這本書會對罷工這題目作出更透澈的分析。

梁生任工聯會副會長時，沒什麼架子，更喜與各人辯論，他笑說自己是到處「尋釁滋事」。他關心同事，喜歡閒時遊走機構中的各部門與同事聊天，我們戲謔稱之為「太平紳士巡倉」，在這「巡倉」時間，梁生經常分享他工作的故事，讓年青同事認識機構歷史，而同事們亦喜歡與梁生討教，互相討論時政，關係亦不失融洽。機構內，梁生是一位懂工會、明工運、熟權益的人，這是大家都認同的事。

如果你是一名香港工運研究者，這本書將是你不可或缺的參考讀物；如果你是一名工會組織者，深信你透過此書可以在工人組織工作上得到啟發；如果你是一名歷史的愛好者，閱讀這本書或可補足你對一些影響香港社會之重要歷史事件的認識；如果你是一名打工仔女，這本書將令你明白工人力量團結起來力量可以有多大。

2020年底

# 01

# 香港反法大罷工(1884年)

　　1884年6月，法國政府發動了侵略中國的"中法戰爭"。當時，港英當局口頭上宣佈在戰爭中"嚴守中立"，實際上則利用香港為法國修理船艦、運輸軍火，充當法國侵略中國的軍事基地。

　　法國侵略中國和港英當局的幫兇角色，激起了中國人的憤怒，導致香港工人舉行了空前的反法罷工。

　　這次大罷工是從香港的船舶修造工人開始的，1884年9月3日，有一艘在台灣受損的法國鐵甲船"加利桑利亞號"駛到香港黃埔船塢，準備進行修理。在廠的工人要求港英當局拒絕接受，但港英當局拒絕了這一要求，於是船廠工人決定：舉行罷工，拒絕為敵國戰艦施工，逼得法國人只好自己動手修理。9月14日，另一艘法國水雷艇"亞塔蘭特號"駛入香港，這一次船舶修理工人計劃採取更有力的行動："謀將水雷艇攻毀"。可惜事機不密，被港英殖民地當局偵查到。遂派了兩艘"裝滿差隊"的小輪駐扎於船塢內，意圖鎮壓工人。而法軍則連夜將船隻駛出船塢。法國戰艇雖然逃脫，船塢工人的鬥爭卻得到了香港其他各業中國工人的普遍響應。9月18日，法國人在港購買煤塊，令小工挑運上船，而"小工皆嘩然散去"。9月27日，法國商船到港，"民艇不起貨"；法船在港買牛羊，"民艇不載"。接著，法公司輪船之往來香港東洋者，其中司火華工，"現亦不願執役，悉數走散"。當法國駐上海領事李梅由上海赴越南，途經香港，需住旅館。中國人服務員拒絕為他服務；搭輪船，中國船夫拒絕為他接送。

　　由於香港工人罷工影響到法國侵華艦隊的物資供應，港英當局協助法國，妄圖阻止與鎮壓工人罷工鬥爭。9月29日，港英當

局拘捕了11名拒絕為法國船隻運貨的民工,並對其中8人課處罰金,同時吊銷了許多民艇的執照。港英當局這種野蠻行為,激起了更多的民艇和搬運工人的憤怒,他們聯合起來索性對所有"中外貨艇皆不搬運"。這樣,由反對法國侵略者的鬥爭,便擴大成為反對一切外國侵略者的鬥爭,使"整個港口工作陷於完全停頓"。

10月3日,罷工鬥爭到了高潮。以船廠工人、民艇工人為主體的香港工人群眾,進行了一次大規模的示威行動。參加行動的,擴大到米廠工人,乃至"各行佣作"。遊行隊伍用石頭、木棍搗毀外國建築物,與前來鎮壓的巡捕展開搏鬥。示威從清晨一時一直持續到下午。港英當局出動了所有的警察。在鎮壓中打死了示威者1人、逮捕30人,判其中6人苦役一年。

但是,10月5至7日,東區碼頭工人和九龍油麻地工人先後舉行了示威遊行。幾天之內,全市各街頭張貼出聲援罷工的字條,並警告港英當局"如果不釋放全部被拘工人,就要再度起來用一切辦法讓外國人嘗嘗可怕的苦頭"!這次罷工由9月3日至10月7日,歷時35天,終於迫使港英當局低頭。"還所罰款,放所拘人","聽華民不裝法貨"。

罷工對中國人民抗擊法國侵略者有直接的貢獻的,除去受傷船隻未能在港得到及時修理補充外,還直接影響法軍的軍糧補給,使進攻淡水的法軍糧食供應發生困難。

一家英國報紙說:這是香港有史以來最嚴重的一次暴動!

香港工人這次罷工鬥爭,是以秘密會黨——三合會為活動中心進行的。在罷工工人中間,正是這些三合會會眾起著"糾眾結盟,聯群聚黨"的作用。

為什麼這次空前規模的大罷工,不是由工會組織和發動的?

　　早在1857年7月,港英當局宣佈:「根據英國法律,所有手藝人或技工均可隨意按其樂於接受的報酬做工,限制此類自由的所有聯合組織,均屬非法」。從此,香港工人的任何聯合,都可被指為「共謀限制貿易」,

「約束自由競爭」而受指控。1884年香港工人反法大罷工後，港英當局於1887年制定法例，規定任何團體「其宗旨與本殖民地的治安與良好秩序不相容者」，均屬非法，一律予以取締。這種高壓政策，是使香港職工團體不能正常發展的重要原因。

此外，早期華工也參與一些秘密團體如三合會等。香港三合會源於內地，平時以謀求本會成員的生活自保、互濟互助為宗旨(註：《簡明香港史》第五章十九世紀社會狀況101-102頁)。

筆者分析和評論每宗罷工個案的成敗得失，量度標準是——在事件結束後：

1. 工會的力量是否壯大了？工會在事件後的中、長期間的會員是否增加了？

2. 涉及的工人，利益是否多了？保障增加了、勞動條件和收入待遇是否改善了？

3. 僱主(資方)會否因罷工而更加重視該工會的代表性，從而作為談判、協商、協調的一方，而更重視工會提出的意見？還是視工會為必須徹底消滅的對象？

4. 是否促成了政府因此事件的爭議內容，而產生了勞工立法的推動力？

5. 事件中響應工會號召的工人是否佔有相當的比例？

6. 資方在罷工事件中的生意和業務，是否受影響是否較大？

7. 工會發動罷工時，是否理據充分、為員工接受、甚至是在資方的措施觸及了工會的底線時才行動(所謂底線思維)？即是在資方開除工會談判代表等最惡劣的手段之後？

但是，由於此宗罷工個案的發生，是發生在英國人佔領香港後的最早期殖民統治階段，起因是基於西方列強對中國的侵略，和外國人對在港華工的歧視、嚴厲壓迫和殘酷剝削，激於民族矛盾的義憤，而非純粹追求經濟權益的罷工個案，故很難和並不適合從工會工作的角度，加以點評。

# 02

# 海員大罷工（1922年）

1922年1月13日-3月5日，歷時56天。

## 歷史回顧──中國海員產生的歷史

自1513年葡萄牙、1575年西班牙、1601年荷蘭、1637年英國、1698年法國，1784年開始，還有美國。各國不同時期的第一艘船艦從本土或殖民地駛來，停泊於澳門、香港、虎門、黃埔和廣州等地。它們的貨物依靠廣東沿海沿江的船民船工、漁民漁工和其他勞動者接駁和搬運。所以，廣東人民接觸外國人和外國船艦是比較早的。

此時，一些來往中國的外國輪船，特別是以香港為基地經營定期班輪的公司，開始招募廉價的中國勞動力上船做工。這樣，在1842年前後，廣東第一批"行船仔"（廣東話──海員、水手）便由此產生。

為了加緊對中國的掠奪，英、美、日等外國的資本家，從1860年起，紛紛在中國設立輪船公司，經營航運，擴建碼頭，增設倉庫，遍立貨棧。第一次世界大戰後，計有英國17家、日本7家、美國8家、德國5家、法國2家。另外還有挪威、瑞典、丹麥等國也在中國設立輪船公司。一批批的中國"行船仔" 受僱到外國遠洋外輪上工作，約共有10萬人左右，其中，寧波人約4萬人、廣東人約6萬人。（註：《廣東海員工人運動史》廣東人民出版社1993年4月版第3-4頁）。

外國輪船要招聘中國海員，一般是通過"辦館"或"行船館"的老闆代為招聘。這些原本只是為到香港的輪船，採購船上所需的燃料、物資、生活用品的辦館，因為輪船公司招聘中國海

員越來越多,有些便開辦了"行船館"(Shipmaster) 進行剝削海員工人。它既是海員的職業介紹所,也是海員上岸後的食宿之處,更是海員與親友聯系的通訊處,代海員寫書信或匯款回鄉。當年香港大約有300間"行船館",每間少則有海員數十人,多則逾千人。各館獨立運作,訂有館規,海員必須遵守(註:同上第5頁)。

# 海員的悲慘生活,深深地種下了海員工人運動的萌芽:

## 1. 工作時間長、勞動條件差

廣東海員在外輪上幹的是「生火」、「水手」、「侍役」等最繁重、最"下賤" 的粗重工作。一般每天需要勞動14-15小時。在甲板上的水手,每天工作11-12小時,終年風吹浪打,日曬雨淋。遇上狂風巨浪,時有被摔傷甚至被掀下海去的危險。當「侍役」的服侍洋人,每天凌晨3時起床,一直幹到晚上9時才可以休息,每天勞動時間長達18小時。「生火」則整天為鍋爐加煤燒火,住處則在鍋爐房的煤堆旁,沒有降溫設備,艙內溫度在華氏140度以上。高溫煎熬,灼熱迫人。一位名叫張錫堂的「生火」下班後,無處休息,只好跑到甲板上躺著,卻遭到英國輪機長踢打趕走。由於長年遭受折磨,如不幸染上重病,則會在新加坡被船長解僱,最後往往客死異鄉。在外輪上工作的服務員、廚工、雜工等,往往十多人擠住一間房子,要輪流睡覺。而且,位置都是在艙底,沒有通風設備,環境惡劣。寒冬季節冷如冰窖;盛夏季節,又熱似蒸籠。(註:《廣東海員工人運動史》廣東人民出版社1993年4月版第8頁)

## 2. 海員工資收入微薄

廣東海員的合同,都是在香港簽訂,以港幣支付,而工資待遇只有白人海員的三分之一,甚至五分之一。在第一次世界大戰前,船上「生火」和「水手」月工資約13-15元。到戰時,工資雖提高到22-25元,但當時物價則已漲了一倍半至兩倍,實際上海員工資降低了一半。據《香港晨報社》1920年5月1日在《勞動號》上發表的香港海員生活情況調查材料,海員每月生活最低需

要9.40元、一家三口生活費的支出需26元。由此可見，這樣微薄的工資收入，要養妻活兒，是十分困難的。中國海員的痛苦，除了工資微薄外，物價則年年飛漲。譬如米在1922年時，上海漲了百分之十二點五、香港則漲了百分之十五。

還有，香港海員工人長期受資本家和包工頭的盤剝，海員中有所謂"館口"，約分為三種：一種叫"洗馬沙館"（Shipmaster譯音、即行船館）的，由包工頭設立，與船東勾結，包攬介紹海員工作。凡找工作者必須賄賂工頭數十元不等。上船工作後海員工資中扣起13-15元歸包工頭所有。一種叫"君主館"，由個人設立，管業性質，亦與船東勾結。凡加入者，須繳納入館費數十元，方有候工資格。在館食宿，由館主收飯錢和徵收其他種種名義費用。介紹工人上船工作，並不按先後次序輪流，而是由館主個人意志支配。另一種叫"民主館"，亦名"兄弟館"，海員合股的組織，係公共宿舍性質，自然比較公平。但海員多不識字，故必須聘請知識分子做館中的管理先生，此管理先生積久則把持館務，從中漁利，剝削工人。上述三種館口，香港一處便有120餘處之多。自然以前兩種最有勢力，很顯然，因包工頭與船東勾結，海員不經過他則得不到工作；既得工作如不經常報效他，又隨時可以取消工作。失業的恐慌，自帝國主義侵入以後，中國手工業與農業破產，沿海一帶，失業農民及手工業工人，群趨大都市找工作，於是大都市裡經常的有廣大的勞動後備軍。船東與包工者，自恃有此經常的廣大勞動後備軍，更肆無忌憚的對在業海員施行無情的剝削。你如不願受此剝削，就把你擠出輪船之外。香港一處，海員失業的經常總有一兩萬人。海員失業後，就只有餓肚皮，睡街坊。（註：鄧中夏《中國職工運動簡史》河南人民出版社第36-37頁）

### 3. 船上根本沒有什麼勞動保護設備和措施，健康無保障

由於船上勞動條件、生活條件惡劣、工作時間長、勞動強度過於緊張、傷病得不到及時治療。船上的醫生和岸上的醫院，只為洋人服務。不少海員積勞成疾，也不敢聲張，怕因此失去工作。不少海員就這樣慢慢被病魔奪去生命。當時在海員中流行這樣的說法："海員只有死的，沒有病"（註：《廣東海員工人運

動史》廣東人民出版社1993年4月版第9頁）。

### 4. 種族歧視嚴重

外輪上的洋人把中國海員當成奴隸，不准中國海員進入白人船長的房間，不准踩白人的地毯。中國海員經常受到洋人職員的虐待、辱罵和毆打、沒有說話的權利，人身自由毫無保障。輪船航經各國港口，有的不准中國海員上岸。有的可以上岸的，則要受到各種侮辱人格的搜身和刁難。在印度加爾各答碼頭，英國當局特意設一大一小兩個閘口，大的白人專用，小的則讓中國海員進出。有的港口、飯店、酒吧、戲院、理髮店等公共場所，統統不准中國海員進入，中國海員在路上隨時可能遭到外國人唾罵毆打。（註：同上）

1920年林偉民的同鄉、好友蘇兆徵在一艘英國輪船上領導海員進行了一次反虐待的鬥爭，並取得勝利。海員們看到了自己的力量，很受鼓舞。於是，蘇兆徵"便糾合海員中的覺悟分子如林偉民等，在海員中從事宣傳與組織，不到數月，成績大著。"（《蘇兆徵研究史料》，廣東人民出版社1985年8月版第336頁）。

### 5. 早期海員工人支持民主的革命傳統和工會成立的經過

辛亥革命前後，孫中山經常乘坐輪船奔走海外，從事革命活動，與廣東海員接觸較多。他認為海員是進行民主革命的可靠力量，十分注意對海員宣傳民主革命思想，鼓勵海員組織起來反對清王朝的統治。廣東海員"他鄉遇知己"，相信只有推翻封建統治才能使祖國富強和解除海員身受的痛苦。因此，很多海員加入了同盟會和聯義社，積極支援革命，為孫中山發動的武裝起義運送軍火、傳遞秘密文件和掩護同盟會重要人員等。1909年西伯利亞皇后輪吳渭池等海員從日本秘密護送陳其美逃回上海；1911年黃花崗起義時的情報和軍火，都是由來往於省、港、澳的廣東、廣西、哈德安、佛山、金門、河南、大利等懸掛外國旗的各輪船上的海員擔任的。因清朝官吏懼外媚外，不敢任意搜查掛外國旗的輪船。1911年10月10日武昌起義爆發，當時共有70名在外輪上工作的海員報名迅速前往支援（註：《廣東海員工人運動史》廣東人民出版社第12-14頁）。

　　中華海員工業聯合總會的成立，是海員大罷工的組織孕育基礎。海員隨船出海，短則半年長則一兩年，生活枯燥，如受傷患病或失業，常常流落異邦，痛苦不堪。海員們普遍希望能組織一個互助互救、同舟共濟的福利團體。1914年9月，"俄國皇后"輪由香港開往溫哥華，船到日本神戶時，一名叫麥成的海員因染病被送上岸，一個月後痊癒但行乞街頭。不久，"俄國皇后"輪由溫哥華回程香港，中途經神戶，他上船要求復職，船上中國海員集體向船長求情，使船長答應了他的要求。此事例令大家認識到集體的力量，必須建立一個團體，互助互救生活才有保障，但仍未有研究出具體的辦法。同年底，"俄國皇后"　輪再到溫哥華，有十天的停泊時間。海員中的積極分子吳渭池等在船上組織召開了中國海員工人大會，到會近200人。吳渭池介紹了麥成的遭遇，提出組織一個「公益社」的福利團體，後陳炳生在"滿提高"輪上成立了名為「中華海員公益社」的組織，隨後的兩年間各"皇后"輪都相繼成立了類似公益社的組織，並在日本橫濱設立"中華海員公益社通訊處"。隨後打算在香港註冊，由於當年香港沒有社團組織條例，遂以"中華海員慈善會"名義，以辦理海員慈善福利事業為宗旨。1917年秋，經港英當局批准立案，中華海員慈善會宣告成立，有會員約300人，推舉陳炳生為會長，離船專門負責會務。

　　1920年孫中山從上海乘昌興公司的"俄國皇后"輪回廣州重建軍政府。他同情海員工人的悲慘遭遇，在船上對海員作演講，鼓勵海員參加革命和組織工會。還親筆寫了「博愛」兩字送給海員。

　　香港海員中的積極分子林偉民、陳炳生、翟漢奇、鄺達生、何盍民和馮永垣等人利用當時廣東的有利形勢，積極宣傳組織工會。1920年12月初，以中華海員慈善會名義召集各館口(行船館)代表開會，商討組建工會。出席代表60多人。多數代表首先提議將中華海員慈善會改組為海員工會。但考慮到港英當局不准許工人組織社團和中華海員慈善會立案的曲折過程，因而決定不將慈善會改組為海員工會，而由到會代表聯名發起，直接組織工

會。到會60多人，即代表130多間"行船館"簽名作為發起人。會上選出籌備委員17人(都是慈善會的成員)，翟漢奇建議由各"行船館"借出20元作為經費，租房子作為籌備處。最後，推舉林偉民、羅貴生、翟漢奇、馮永垣、酈達生、陳炳生、陳一擎、譚華澤、麥興等9人為常務籌備委員。不久，租得中環德輔道中137號3樓為籌備處辦公地點。經過5個月的努力，克服了不少困難後，徵求到兩千多人參加工會。因徵求入會人眾多的15間"行船館"都會取得幹事資格，連同各部負責人共同組成幹事會。因港英政府沒有批準成立工會的先例，華民政務司囑向英國政府申請。籌備會乃請一英籍律師向倫敦英國政府申請，終於獲得批准。時為1921年2月底(一說3月初)。此外，海員工會還報請孫中山廣州軍政府給予備案。1921年3月5日，海員工會籌備會召開幹事會。對工會採用什麼名稱討論一番，最後一致同意定名為「中華海員工業聯合總會」(以下仍簡稱海員工會)。4月6日，工會正式成立，孫中山廣州軍政府派議員王斧來祝賀。海員工會可說是是香港最早的產業工會之一。

# 大罷工事件的過程

## 1. 罷工的準備及其爆發

海員的經濟生活狀況既如上述，基於經濟痛苦(這是任何形式的罷工中最基礎性的因素！)，他們就有起來罷工的可能，又何況當時世界革命潮流非常洶猛。海員工會狠抓船東慘剝海員的個案，如由新加坡開往香港的"那洛威"輪，船上工頭妄圖侵吞13名中國海員的工資，工會派出代表據理力爭，迫使船長同意發還13名海員的工資。同年5月10日，工會幹事會討論爭取加薪事宜，鑑於船東財雄勢大、與港英政府關係密切，必須小心行事，在例如組織、宣傳、發動、財政支援各方面，一時提不出周全辦法。

6月4日，工會再度召開幹事會，討論增加工資問題，一致通過組織「海員加工(廣東話，即增加工資)維持團」，推舉譚華澤

為主任、陳劍夫為副主任，下設交際部、調查代表部、勸進部、疏通部等，還設有中文、西(英)文書記和宣佈員等，負責處理「維持團」有關議案和一切來往函件。工會明確規定「維持團」所作的決定，不必再召集幹事會議表決。當時港商楊西岩捐獻港幣3000元資助「維持團」，此舉鼓舞了會員的鬥志。為了更廣泛地動員海員工人參加提高工資、改善待遇的鬥爭，「維持團」發表了宣言，著重闡述海員加強團結和有組織地進行鬥爭的重要性，反映了海員要求提高工資、改善待遇的強烈願望，表明海員工會為達到增加工資目的而準備進行罷工鬥爭的堅定決心。

隨著條件的日趨成熟，在8月初的幹事會上，討論通過了以海員工會的名義致信各輪船公司的決定。該信力陳當時貨幣貶值、海員工人生活極為困苦的情況，指出海員工人生活環境惡劣將對工作產生不良影響。提出改善海員生活的三條要求：

(一) 增加工資，要求工資在10元以下的加五成；10-20元的加四成；20-30元的加三成；30-40元的加二成；40元以上的加一成。

(二) 工會有權介紹海員就業。

(三) 簽訂僱傭合同時，工會有權派代表參加。

同時，為使公司多方考慮及便於向其總公司請示起見，聲明以60天為答覆期限。然而各輪船公司對於工會的合理要求均置之不理。過了60天期限，只有省港澳輪船公司答覆，但只說公司正在"考慮研究"中而未有答應。

對此，海員工會在11月召開幹事會，大家認為，既然以合情合理及禮貌的態度提出要求而全無效果，那麼只有採取嚴厲的態度。於是，決定再發第二次要求加薪信。信中措詞比較強硬，要求各輪船公司在一個月內答覆。會議決定組織糾察隊，由"維持團"正、副主任任正、副團長。糾察隊有20個小組，每小組有隊員10人，均由會員擔任。此外，還組織徵求隊、宣傳隊、交通隊，在海員中進行罷工準備工作。同時派人前往廣州聯繫，爭取當時的廣東省政府給予支持。在廣州設立「罷工辦事處」，一旦罷工爆發，便作為接待安置罷工海員返回廣州的指揮機關。

第二次要求加薪信發出多日，雖然各通訊社和報導均刊載海員勞資糾紛嚴重的消息，但輪船資本家仍無動於衷。宣傳隊乃組織失業海員，分成小組赴各輪船宣傳，勸進隊聯絡有關團體，以求喚起社會的同情。

海員工會考慮到僅有海員罷工，而無其他工會的罷工支持，難有必勝把握。於是，向具有實力的各工會積極聯絡，取得華人機器會、同德勞動總會、起落卸貨工會、集賢總工會、港梧總工會、海陸理貨員工會、華人船主司機工會、華人洋務總會、洋務總工會、煤炭總會、帆船總工會、西餐協進會等12個工會的支持，共同簽訂協議，俗稱"十三太保聯盟"。這12個工會擁有眾多會員，他們的同情和支持，壯大了罷工的力量。

香港各輪船公司對工會的第二次要求加薪信的期限已過，仍然沒有反應。船東為了破壞海員的罷工行動，爭取時間而急忙在外地另僱海員，另請港英政府華民政務司出面調解。華民政務司便邀請勞資雙方派代表前往談判。先後談判了三次，1月3日第一次禮節性見而、未討論實質問題；1月6日第二次談判，輪船公司代表對工會的訴求"要回去具體磋商"；1月9日第三次談判時，船東代表得悉已經在上海新僱了300名工人，並在一星期前已經起程來港後，更加有恃無恐、態度囂張。以致雙方爭論激烈、不歡而散。談判破裂後，海員工會會長陳炳生立即召集幹事和各部門負責人舉行緊急會議。決定：參照世界各國工人罷工慣例，向各輪船公司發出最後通牒，限期24小時內明確答覆，否則實行罷工。翌日，海員工會將最後通牒分送各輪船公司，並照會香港華民政務司。在資方沒有答覆的情況下，海員工會在1月12日發出「香港海員總罷工」的命令，1月13日及16日，港英華民政務司先後發出兩次通告。首次通告謂"船務東主允願將各船員困難情節磋商辦法，如彼此仍有未協之外，即由政府即委公正人出為調處，務求妥善，其商妥所加工金定由本年元月1日起加"；第二次通告則威脅稱"汝等須於本月16日正午前一律回船工作，否則無磋商調處之希望，妥等毋再遲疑"云。但華民政務司夏理德接到海員工會堅定的回覆：「當加工未簽字之前，決不開工」。港

英當局又決定前往上海、菲律賓、印度等地招募新海員來取代罷工的海員，意圖瓦解罷工。工會更考慮到廣州物價比香港平宜，可作為較長久罷工的後方。且海員不在港，既可避免輪船公司勾結港英當局用武力強迫復工，又可避免海員中個別過激分子滋生事端，引起枝節糾紛，影響罷工。在廣州設立「海員罷工總辦事處」，請求廣東省政府和各工會支持幫助，盡量解決罷工海員的生活和住宿。罷工次日，海員紛紛回到廣州。並發表下述宣言：

# 《海員加工維持團宣言》

國家之所恃以維持、人群之所恃以進步、種族之所恃以保全者，其惟社會之潮流乎。社會的潮流，如日月經天的，如江河緯地的。我國數千年以來，凡賢愚婦孺，咸知團結為大本的了。團結的思想呢，即今日社會的主義啊！往日團結的思想，只謀一家一鄉團結範圍，故有一團和氣之稱的嗎？而今團結的潮流，達出社會的名目。噫，人類的進化，此其時也。然則社會的主義，是什麼樣呢？聯絡感情的，研究工藝的，維持生計的，就是社會用功的嗎？所以今日的潮流，工團組織，預備將來勢力雄厚，一舉而把自己固有的人權和幸福，完全取回自己享受。有等還是不知工團是什麼一種東西，他們腦力簡單的，仍是一種舊式的思想（各人打掃門前雪，休管他人瓦上霜）。咳，這的思想，非是今日競爭的潮流了。你們知到（原文，應為道）現在的黑暗世界嗎？百物騰貴，租項日增。試問你們的工值的幾何呢？日常衣食住行的用途幾何呢？請諸君把預算細想想的啊。若是工值不敷用途，你們將舊式的思想，又怎麼樣來設法維持的喱（原文）？呢，呢，呢，孤掌難鳴，獨立難持，必須要通力互助，而後眾擎易舉的嗎。是以社會的主義，先要聯絡感情，凡屬同業的人，一致加入，組織到一個完全團結的基礎，互相吸引，互相提攜，集思廣益，研究工藝的進步，交換知識，興除工人的利弊。至於生計問題，尤須亟圖團結，補救我們工人目前衣食住之欠缺。故此今日各的工團，睹時局之維艱，憫同業之痛苦，要求加工的、縮短時間的，鬧的天翻地覆了；惟獨我們海員工值，依然如故，可不痛

恤的嗎？因此本會經五月十七日開幹事部會議，由多數提出要求加工問題，公同表決，曾派出第一次通知書的嗎。續後六月初四日開幹事部及同人大敍會，討論要請加薪的辦法。已經組織一個加工維持團，各具毅力，各舒智謀，分負責任，協力舉行。但進步之有成效與否，全看人才多少為定，所以現在由幹事部各選代表及熱心同人，集合一班幹事的人才，希望此後為極速的進步。我們同業的工人啊，須當猛省覺悟，急起直追，切莫遲疑觀望，自餒其氣的了。請看現在的世界，是工人自由的世界，不是專制魔力的世界喔。哈、哈。

隨後的第二次通告，將海員加工維持團的名稱、宗旨、服務、開會議期、卸責、職員權限、中西文書記、宣佈員、交際部、代表部、調查部、勸進部、疏通部，和工作界限、進（執）行、維持團成員住址、通函、互助、注意等等事項，加以疏理分工。（註：原件存中國革命博物館）

# 《罷工宣言》

值諸潮流沖動，人心有團結之趨向，由斯社會結成同業，無秦越之歧視。本會順潮流而崛起，聯同業之感情，經營一載，成績可觀。實踐工黨主義，維持工人生計，幸福謀於公共，匹夫原屬有責。凡我海員，孰非工人之一份子，理宜聲應氣求，互相友助，庶符我海員表表之人格也。回憶我們海員，離鄉別井，搏於惊風駭浪之生命；胼手胝足，受重重痛苦之黑幕。近茲時代，百貨騰貴，工值有限，仰事俯蓄，經濟不敷。經同人大敍會提出要求加薪問題，而本會從眾表決，積極執行，曾函請各行船東第一二次要求矣。因無表示答覆，本會豈可自甘放棄，失卻我中華海員工黨之光榮譽，卑靡我數萬海員之人格乎？義之所在力而行，百折不回，目的求達是矣。箭在弦上，不得不發；臨場走馬，豈肯停鞭。特於1月9日提出第三次要求，限期24點鐘內完滿答覆。若其仍然見拒，此視我海員之人格何如耶？此視我海員勢力何如耶？噫，以今視昔，則非也，今日本會完全海員組織，有

本會一日之名目，即海員一日之光榮。萬一此次失敗，固知本會之名目頹落，而數萬海員之光榮盡喪矣！人生於世，生命居一，名譽其次。經濟不足，生命何存？死上必矣。人格不保，名譽掃地，恥之甚矣。若夫以恥為榮，則雖生猶死也。是以我海員表表之人格顧名思義，痛癢相關。知恥近乎勇，力行近乎仁，此其時也。本會謹守文明秩序，固當文明解決。凡我海員遵守停工規則，萬眾一心，風虎雲龍獲收效果，庶乎有期。

# 《停工規則》

(一) 各股(船？)東如無滿意答覆者，海員同人屆時實行規則左列；

(二) 凡海員停工上省者要(向) 總會報告；

(三) 停工者膳宿車費由本會供給；

(四) 凡我海員如無寄宿舍必須到總會報告一切，由某船放船，以照慎重；

(五) 各海員不願赴省者，費用自備；

(六) 因停工離職後加薪問題有完滿解決者，本會擔保令舊人復回原職；

(七) 停工之後非得本會許可不得私自復職；

(八) 停工之日如有海員人等不守停工規則者，同人決認為是海員全體公敵(各行頭目不在此列) ；

(九) 停工之後，凡我海員同人互相勉勵，恪守文明秩序，靜候解決，勿因言論或行徑越出常軌，以重人格；

(十) 如有無恥之徒冒認海員名義，藉端破壞，一經查實，送官究辦。

(註：上海《申報1922年1月22日》)

　　在廣州設立「海員罷工總辦事處」，請求廣東省政府和各工會支持幫助，盡量解決罷工海員的生活和住宿。罷工次日，海員紛紛回到廣州，至1月底，超過一萬名罷工海員回穗。罷工形勢發展迅速，所有抵港輪船上的中國海員均自覺參加罷工。短短一

周內，罷工輪船達至123艘、人數達6500人。罷工還逐漸蔓延到香港返汕頭、北海、海口等地的輪船，船上的中國海員都先後加入了罷工行列。罷工還影響到上海、暹羅、新加坡等港口。從歐美開往香港輪船上的中國海員，在航行途中聽到香港海員罷工的消息後，也紛紛準備罷工。輪船公司十分恐慌，大部份輪船不敢按計劃開往香港。有些輪船竟想途中撤換中國船員。如從日本開往香港的克里夫蘭總統號，途經上海時，船長按照公司指示，準備解僱中國海員，但被團結一致的船員打了一頓，該船抵達香港後，全體船員立即離船罷工。如此一來，凡抵港的輪船，便來一艘停一艘，有進無出。

港英當局見調停無效，便派英國駐廣州領事求助於廣東省省長陳炯明。陳炯明應英領事要求，於1月18日下午偕同廣州交涉署李交涉員，在省政府召集海員工會代表陳炳生、蘇兆徵、馮永垣、羅夢球、省工團代表黃煥庭、謝英伯、馬超俊及英國駐廣州副領事和香港總督代表活雅倫副按察司，開會討論海員增加工資問題。會上英方代表要求海員工會代表和省政府官員，立即赴香港與港英政府和輪船公司代表，共同商討解決海員罷工問題。工會代表堅持若不答應過去提出的條件，堅決不派代表赴港談判；省工團支持海員工會的意見。陳炯明亦不敢違抗幾十萬工人的意志，只得表示無法調停！

正在桂林指揮北伐戰事的孫中山，聞訊後立即來電香港海員工會，表示慰問，並電令馬超俊迅速赴香港慰問並與港英當局協商。北伐至韶關後，孫中山多次電穗慰問罷工工人，極力贊助罷工，指令廣東省政府、大本營籌措膳食供應等費用。政府每日借出數千元白銀，作為海員罷工經費、並協助解決罷工海員的生活安排等，前後借出共約十萬元的經費。

孫中山先生在1921年第二次回粵主政時，宣佈將收回海關管理權，後列強一再拖延，至1923年12月16日，廣州近萬名市民示威，聲援廣州政府收回關餘及海關管理權，然而列強卻於同月17-27日，派出近20艘軍艦駛至廣州白鵝潭，艦上炮口對準廣州市，劍拔弩張，其中英國軍艦7艘、美國軍艦6艘、日本和法國艦

各2艘。列強以美國為首採取"炮艦政策"，遂令其與國民黨南方政府關係緊張。（註：《中山革命在香港(1895-1920)》香港三聯書店 第377-378頁）。上述這段歷史，雖然發生在海員大罷工之後，但亦可以理解得到，發生在1922年的海員大罷工，為什麼會得到孫中山的大力支持。

剛成立不久的中國共產黨，委託中國勞動組合書記部負責人李啟漢到香港慰問，並指示中國勞動組合書記部，要大力發動各地工人支援香港海員的正義鬥爭。據不完全統計，各省市、各工團成立「香港海員罷工後援會」的有20多個。同年共產國際代表到華考察，在其報告中，也推崇國民黨對工運及海員罷工之積極角色：「整個罷工都由這個政治組織的領袖們所領導，全部財政資助主動吸納罷工分子入黨」（註：《馬林給共產國際報委會的報告》載《馬林在中國的有關資料》北京人民出版社 1980年. 第16-17頁）。1922年2月9日，中國共產黨廣東支部公開發表了"敬告罷工海員"的文告。海外華僑和各國工會來函來電表示支持。

另一方面，港英政府事後亦曾匯報認為：「孫中山領導下的國民黨是此次罷工的幕後組織者。廣州政府已完全處於這一具有布爾什維克主義性質的組織控制之下。毫無疑問，極端主義者站在孫中山的一邊。」（見：《中山革命在香港》第345頁）

華民政務司夏理德接到海員工會堅定地回覆：「當加工未簽字之前，決不開工」。港英當局又決定前往上海、菲律賓、印度等地招募新海員來取代罷工的海員，意圖瓦解罷工。

1月21日，港英當局正式出面召集海員工會4名代表及各輪船公司4名代表開會商討，企圖以仲裁方法解決罷工問題。派出副按察司活雅倫與華民政務司夏理德主持，並邀請外籍紳士于仁積臣及中國籍紳士羅旭和、劉鑄伯參加。會上，活雅倫首先發言勸海員先復工，然後再研究加薪問題；並鄭重表示，由港英當局保證，一定給海員加薪，不過加薪的具體數目，必須海員復工後再行研究訂出。工會代表發言，明確表示只有解決了加薪問題才能復工，加薪的條件就是上次談判會議所提的，不能更改。輪船

公司強調經濟困難，難以給海員加薪太多，加薪少許，還可以商量。至此，勞資雙方展開3小時的辯論後無結果。接著，劉鑄伯發言，但明顯是站在港英政府和輪船公司一邊，最後還說這次罷工有政治意味。海員工會代表立即發言回擊，舉出大量的事實，說明海員為了養家活口，爭取最低的溫飽，才不得不罷工，會議最後不歡而散。及後，港英當局又授意中國輪船公司資本家出面調停，也沒有結果。港英當局再唆使受香港紳商集團經濟支持的東華醫院出面調停，以全港街坊的名義，拍電報給廣州海員罷工總辦事處，請求派代表到香港商談。

港英當局在1月25日下令封閉中華海員工業聯合總會（2月1日才以港督名義正式出報告），第二天派出武裝軍警大肆搜查工會，將「中華海員工業聯合總會」的招牌搶去，把工會所有的簿據、文件奪走、趕走工會職員，由警探監守工會會所。至1月底，被激怒的各業工人超過3萬舉行同盟罷工。此舉令港英當局惱羞成怒，以同樣的理由，派出大批警察查封海陸理貨員工會、同德勞動總會、集賢總工會，拆走招牌、拘捕工會辦事人員。1月30日上海包工頭桂阿茂招募了上千名失業工人，打算找到輪船後立即送往香港。啟程那天，被拘留的「均安水手公所」負責人，剛被法租界巡捕罰款後釋放的朱寶庭趕到碼頭勸阻工人赴港。當場有半數工人不走，但另一半人則乘船赴港。當船到達汕頭時，又被汕頭香港海員罷工辦事處的人，勸走了一半留在汕頭，最後抵達香港者不足300人。

2月7日，罷工總辦事處在廣西會館召開海員大會，專題討論東華醫院來電。會上通過9項解決罷工的具體條件：

1. 工人工資每月在30元以上的加30%，在30元以下的加40%；
2. 罷工之後復工的工人不能加以任何理由辭歇或降職；
3. 工資增加適用於現在香港停泊的輪船和從各埠向香港開駛的輪船；
4. 船主僱用海員，須由海員工會介紹，以免經手人剋扣工資；
5. 簽訂僱傭合同時，須由海員工會派人到場，否則無效；
6. 無論海員和工會的職員，不得因無相當理由被遞解出境；

7.　加工資日期由1922年1月1日起；

8.　中國海員復工之後，僱主須加以平等對待，不得苛虐；

9.　恢復中華海員工業聯合總會原狀及現在被封各工會，釋放被
　　拘禁之辦事人員。

　　與會人員認為，如果港英當局和船東承認上述原則，可由廣
東省政府代表、英國總領事代表、外國船東代表、中國船東代表
和海員工會代表共同組成公斷處，商談具體事項。此外，大會還
提出了如下的暫時條件：工人月薪在15元以下的加薪40%；工人
月薪在25元以下的加薪30%；工人月薪在30元以下的加薪20%。

　　會後，罷工總辦事處立即將9項解決罷工的具體條件和辦法
電告東華醫院，並轉港英當局。但是，港英當局拒絕接受恢復海
員工會的要求。因為一旦同意恢復工會原狀，就是等於向罷工海
員公開承認錯誤，而把自己置於被告位置。

　　直至2月9日才以香港總督名義正式發表的文告，宣稱先前的
三間工會"危及香港之治安與秩序"，予以封閉。不停搜查及掠
去工會的文件、名冊及家具什物。港英當局的做法，引起了中外
報章的批評。

　　2月10日，罷工總辦事處再召開海員大會，著重討論關於恢
復「中華海員工業聯合總會」的問題。大家都認為，如果接受
了港英當局關於更改工會名稱等條件，就是等於承認海員罷工
無理，工會領導罷工有罪，工會辦事人員為海員工人利益服務犯
法。這不但是關係到工會的名聲，而且關係到全體海員的命運與
前途。因而決定致電港英當局，恢復「中華海員工業聯合總會」
方能進行談判。香港東華醫院、華商總會、華工總會、僑港工團
總會等團體多次電邀海員罷工總辦事處派代表往香港談判，甚至
派出專人到廣州登門邀請。為了表示海員工人的誠意，爭取社會
上更多的同情，2月12日，罷工總辦事決定派蘇兆徵、翟漢奇、
陸常吉、盧俊民4位代表赴港談判。2月15日，東華醫院、保良
局、華商總會、華工總會、僑港工團總會等紳商代表和海員代表
在東華醫院會議室談判。會上，這些紳商始終偏袒港英當局和輪
船公司，強調"政府之所以不允許恢復原有工會者，系重政府之

威信"勸海員代表讓步。當時，蘇兆徵等代表立場堅定，義正詞嚴地進行說理鬥爭，堅持第一件提出就是恢復「中華海員工業聯合總會」十個字，不能加減一個字，而且要還給原來的招牌。並表示，「各同人對於海員工會十個字堅持萬眾一心，若不恢復會名，寧願一齊死在廣州城都不願回港，則代表何敢更易？」各商紳無言以對，代表們又說：「增加工資、改良待遇，是天經地義的事，而港英當局反把工會封閉，且把同情罷工的工會也封閉；還要逮捕工人、拘禁領袖，是何道理？港英政府沒有道理，你們為什麼不幫助我們，你們若有本事叫港英政府給還我們工會招牌，就有話可說，否則，我們即刻起程回廣州。」會談毫無結果。會後，華民政務司通過商紳向海員工會代表提交有4項條件內容的一份文件，要代表帶回廣州。對此，工會代表鄭重聲明：帶回公文可以，但不是接受了公文上提出的條件。該公文內的4項條件是：

1. 海員工會被封閉，是因為工會溢出了正常範圍，違反香港規例，而非因其要求增加工資；2. 香港總督認為，要証明海員工會確實沒有違反規例，政府才能改變現時之態度；3. 如欲証明海員工會確沒有違反規例，各海員及參加罷工的各行工人一律回港復工，使香港恢復原狀；4. 如工人願回船復工，船東答應可按先前允許的條件加薪，至於今後或加或減，再交公正人判決。公文說，若工人按照這些條件復工，港督才宣布取消封閉工會的命令。實際上，港英當局要工人"先行復工、條件後議"而已！

海員代表於16日回到廣州後，立即召開全體海員大會。由於原任會長陳炳生因殺妻案被補，大會一致推選蘇兆徵為代理會長。接著，赴港代表林偉民、翟漢奇詳細報告談判經過以及港英當局提出的4項條件。大家熱烈發言，認為必須先恢復工會，這是原則性問題，應恢復工會後，才能商談加薪。但也有極少數人主張向港英當局讓步，將工會名稱改為「中華海員工業聯合總會廣州支部」，總會遷回廣州，以爭取港英當局的支持。

2月17日，林偉民、翟漢奇、陸常吉、盧俊民4位代表赴港，將全體海員大會決議通知港方。港英當局一再誘勸海員工會代表

答應先行復工，又提出3項條件：1.　各船務公司允願將來交公証人議決之工金即以前其所答應之工價為最低之價目；2.　恢復海員工會，照總督2月15日之命令辦理；3.　至於委任公証人，如船東與船員彼此允願，欲照何法推荐則由總督酌量辦理。華民政務司夏理德並對工會代表說：「如要恢復原有之中華海員工業聯合總會，須要証明工人並無法外之舉動，如欲証明無法外之舉動，則當從速復職，政府乃將工會名恢復，取消從前封禁命令。上述3項條件和夏理德的談話，恢復工會問題，港英當局態度模棱兩可，沒有明確表示。海員罷工總辦事處知道這一情況後，即由蘇兆徵代會長致電談判代表林偉民等：「先要港英政府完全恢復工會，一面再妥定所加之薪金，務得船員滿意，然後開工。如以上條件達不到目的，則無磋商之必要，各代表可立即返省。」林偉民等代表遂於2月21日返回廣州。

　　2月22日再召開全體海員大會，決定罷工到底，絕不屈服。列席大會的廣州工團代表，亦勉勵海員堅持到底，一定要達到目的。

　　這段期間的談判，港英、船東的態度本來有所和緩，但陳炳生殺妻案發生後，他們想利用此只涉及陳炳生個人的案件，停止了談判。這樣使廣州機工總會黃煥庭、國民黨馬超俊、互助社謝英伯等由廣州來港居中調停的人，不得不勸說港英等人，節外生枝更令問題難以解決。港英當局又從拉攏陳炯明入手，希望這位原想利用罷工海員以擴大自己地盤的廣東省長，他也因加緊反對孫中山而想利用此事而向英國人獻媚，決定派交涉署特派員陸敬科參與談判。由於開始罷工時，海員工會已與12個工團簽定了13太保聯盟，並明言若拖延過久，仍未解決，則聯絡各行業一致罷工，以為後盾。港英當局在得知各行業工會派出7名代表到廣州成立「全港同盟罷工辦事處」，並決定3月2日宣布全港工人舉行總同盟罷工後，嗾使華人機器會出面搞"工界調停"的動作，但被在廣州籌備總同盟罷工的代表趕回香港制止。2月27日港英政府宣布戒嚴令，反而激起各業工人更大的義憤，罷工人數達10萬人以上，包括廚師、僕役、餅乾店員、麵包工人、政府機構雜

役、牛奶房工人、人力車夫、運輸工人、銀行低級職員、排字工人、印刷工人、水底電線工人、修船工人。其中「夜香工會」罷工，令各家住宅臭氧薰天，街上糞尿橫流，香港變成"臭港"！1月底至2月20日，共14.7萬人參加罷工回穗後，廣九鐵路九龍段工人亦宣布罷工。3月3日，各工會辦事人員及罷工工人和市民約200餘人，在九龍油麻地集合後徒步回廣州，行至沙田時被港英軍警開槍阻止，當場打死3人、重傷7人（其中2人後來傷重不治）、輕傷11人，史稱為"沙田慘案"！海員罷工總辦事處通電聲討港英暴行，並督促廣東省政府交涉。廣州非常國會去電英國議會，要求給予賠償並處罰肇事者，港英政府即派駐廣州總領事詹米遜向廣東省政府道歉。

罷工期間，香港糧食等物資供應短缺、物價上漲。因海員罷工被迫停泊在港的輪船達168艘、總噸位280,404噸之多，船東損失慘重。據調查，各輪船公司直接經濟損失達500萬元以上，至於間接損失，為數更巨。其中以英國輪船公司，損失最大！

由於各行業工人支援海員罷工，形成總同盟罷工的局面。港英當局陷入了四面楚歌的困境，不得不答應以海員工會9項條件為基礎的談判，由駐廣州領事邀請海員工會代表再次來港談判。3月3日，林偉民等4名代表偕同省政府代表陸敬科赴港。

談判會議於3月4日在香港大會堂舉行，除各代表外，尚有記者、航商及商紳百餘人列席旁聽。副按察司活雅倫主持會議，談判分兩步進行，先討論解決有關海員與船東關係的各項問題，第二步才討論海員與港英當局的各項問題。

海員與船東就增加工資問題解決後，在恢復海員工作職位和補發罷工期間工資的問題上有爭論。海員工會堅持全體罷工海員一律恢復原職，船東則提出有些船已僱用了新人，而訂有6個月合同，因而不能讓罷工海員全部復職，並拒絕補發罷工期間的工資。雙方爭論到深夜11時，仍未取得一致意見，暫時休會。3月5日繼續討論，最後商定，罷工期間，工資按這次增加工資數目折半支付；暫時不能復職的海員，付至找到工作之日，但不超過5個半月。折半支付的工資，由何東出面擔保。

接著，商談海員與港英當局之間的問題。關於恢復工會，港英政府表示，只要海員同意復工，當局將於翌日撤消前封閉工會命令，工會代表表示，只要港英政府確有誠意恢復工會，即可發出復工通知。關於釋放被拘捕的各工會辦事人員，港英代表說，既然同意恢復工會，當然也不能再把工會辦事人員視為犯法，保證一定釋放。關於海員與船東簽訂僱傭合同時，工會派代表參加的問題，港英政府代表表示，將來擬定一個條例，以保證實現這一要求。最後，海員工會代表要求妥善處理沙田慘案，港英當局答應一定妥善處理，對死者家屬給予撫恤、傷者賠償醫藥費。至此，整個海員罷工談判，勝利結束！

# 中華海員工業聯合總會與香港航業資本家簽訂的條約

（1922年3月5日在香港大會堂訂立）

下列條件經各簽字於本條約者同意認為解決雙方爭執的辦法：

(一) 茲將1922年1月12號在香港應支付之工價須由1922年1月1日起增加如下：甲. 華人內河船加3成；乙. 其餘華人輪船1000噸以下者加3成；丙. 省港輪船公司加2成；丁. 其餘英人輪船公司(以省港澳輪船公司之工金為底)加2成；戊. 沿岸輪船公司加2成；已. 來往渣華輪船加1成半；來往大平洋輪船加1成半；辛. 來往歐洲加1成半；壬. 來往澳洲輪船加1成半。

(二) 須訂一日期以便各船員一律回工；由離工日起至一律回工之日止，工金照新定之價折半支給。各船東應用回其船員在其公司之船供職，又如雙方允肯則安置其在別船供職亦可；如船員回工而無席位，則於無席位用他期內，須折半交給工金與他，惟由一律回工之日起計，不得超過5個半月為限。此項折半之工金之款項另定管理人管理之。

(三) 各船東允願襄助實行一個新的僱傭船員辦法，以便盡量減少一切關於支付船員工金之弊病。

船東委員會代表　　包特倫

駐廣州英總領事　　詹米遜

廣州交涉署秘書　　陸敬科

中國海員工會代表　翟漢奇　林偉民　盧俊文　陸常吉

(註：《廣東海員工人運動史》中國海員工會廣東省委員會編

廣東人民出版社第56頁。)

# 後記：

　　港英政府釋放被捕工會辦事人員，賠償沙田慘案死者每人1000元、傷者酌情賠償醫藥費。3月6日，取消海員工會為不法會社的命令、取消香港居民離港禁令、恢復廣九鐵路九龍段火車通行，並於是日下午將工會的招牌送回掛上。3日7日海員工會發出翌日復工的通知。

　　香港海員大罷工取得勝利的原因，正如鄧中夏在《中國職工運動簡史》中所說：「在客觀上當然是當時國內外革命潮流的激蕩，是一個利於鬥爭的環境；在主觀上則為罷工有相當準備；選擇的時機適當(中國農曆年關)，群眾完全了解並興奮，團結力甚強；領導者聰明而堅決；援助力量有莫大的作用(運輸工人甚至全港工人同情總罷工)；應付策略的適宜(特別是封鎖香港的飢餓政策) 等。

# 筆者點評罷工成功的主要因素：

1. 整個罷工，無論是組織發動、主要領導人和工作隊伍，其核心人物都是海員。故此，他們最了解行業工人的情況、明白大家的訴求和集體利益所在之處；尤其是領導者，本身的經歷、素質、廉潔和刻苦、富有犧牲奉獻的工作表現，充分地得到海員工人們的信任。由於當時勞動市場有大量的失業工人，故敢於鼓起勇氣，起來反抗鬥爭是非常不容易的。在工會工作者而言，可說是極為困難的起步點！

2. 在組織部署行動時，懂得同盟軍(12間工會和廣州革命政府)是誰？並尋求他們的堅定支持以擴大罷工影響力；

3. 領導者懂得在鬥爭時，準確判斷對手(港英和船東)

　　可能採取的卑劣手段而加以預防，能採取有效措施，把罷工隊伍安置在大後方的廣州，遠離鬥爭對手的影響範圍；

4. 卓著有效的談判技巧，適當的時候召開大會加以討論，達到使更多的罷工海員了解談判進展、識破對手的陰謀、堅持原則和底線的同時教育群眾。效果非常好！

5. 事件發展的最後階段，在爭取最好的結果和事件不會進一步惡化和複雜化之間，分寸拿捏很好，以至勝利結束事件；

6. 尤其是，此次震驚世界的大罷工，部份地改變了西方列強對中國人"一盤散沙、不團結、甚至是自私自利"的國民性格，有所改觀！

7. 海員工會在近代中國工人運動史上，一直享有崇高的聲譽、強而有力的工會組織力量、會員人數甚眾、維護海員工人的職業權益等等各方面，堪稱是成功的罷工事件。

1922年香港海員大罷工取得勝利，3月6日下午3時半，港英當局派教會會督率警察將"中華海員工業聯合總會"的招牌送回工會（香港中環德輔道137號三樓）重新掛上。

# 03

# 省港大罷工（1925-1926年）

## 一、發生日期：1925年6月——1926年10月

## 二、省港大罷工發生的原因和歷史背景：

1922年3月8日海員大罷工結束，海員工會發出了復工令後，省港各界同胞、各業工人歡欣鼓舞、隆重熱烈地慶祝勝利。

但是，港英當局和各國船東並不甘心其失敗，尤其是敗在其認為是"劣等民族"的中國人手裡！

所以，一方面是中國各地的工人運動蓬勃發展、工人的階級覺悟和愛國熱情高漲；另一方面是西方列強，包括日本和港澳的英葡殖民地政府，還有中國大陸各城市租界的佔領者，無不時刻在找尋機會反攻倒算、伺機報復。

海員大罷工期間，工會會長陳炳生因殺妻案而無法返回香港，工會司理翟漢奇因帳目不清、生活花天酒地而拒交帳目，甚至剋扣工會撫恤梁和家屬的撫恤金，使工會在工人心目中的形象受損。此時，港英當局和船東狼狽為奸，乘機橫蠻地拒絕履行雙方簽訂的合約。如由何東爵士簽字擔保的、因不能回船工作五個半月上限的「半薪糧」；並煽動一些人組織"航海公會"，以分裂工人團結，甚至造謠說五個半月的半薪糧，已經被"海員工會的頭頭瓜分了"。外國輪船公司又拒不履行合同中的新的僱用海員辦法，繼續由包工頭壓榨和迫害海員。1923年4月間，太古洋

行代理的藍煙卣公司，公開取消第一款增加海員工資的規定。為此海員工會向港英當局交涉，不但得不到解決，港英反而支持船東及包工頭，繼續按罷工前的工資標準僱用其他失業海員，借以打擊報復罷工的海員。海員工會在內外夾擊的情況下，更難開展工作，亦無法向港英政府和輪船公司組織還擊。一些要求進步、有正義感的海員，聯名寫信給蘇兆徵和林偉民，要求他們返回工會主持整頓會務。

在此之前，林偉民、鍾筱明、陸常吉、葉潔來、黃守一等五人，被派往上海，協助組織「中華海員工業聯合總會上海支部」，1922年7月掛牌。期間在8月2日林偉民、朱寶庭等代表向招商局發出了要求加薪的最後通牒，在交涉時，被總辦傅筱庵惡狠狠地驅逐。8月5日，黃埔江畔的輪船汽笛齊鳴，海員們離船罷工達13000多人，涉及20多家輪船公司。由於淞滬護軍使和租界工務局剛見到香港海員大罷工的苦頭，故不敢隨便干預。最後，上海各輪船資本家被迫與工會談判，多番交戰後，達成如下協議。

1. 各輪加薪一律照香港海員加薪條約辦理，由香港海員罷工解決之日期起計，補回加薪金額：1). 大河線加一成半，2). 內河線加二成，3). 長江線加三成。

2. 參加罷工全體船員，即日起恢復原有工作，資方不得任意開除工人。倘有違法事實，資方必須先行通知工會，待派員查確後，方得解僱。

3. 罷工期內，所有參加罷工船員，照原薪額支足，不得折扣。

4. 資方僱用船員當簽合同時，必須有中華海員工業聯合總會上海支部派員在場，參加見證，方為有效。

5. 以上約則，雙方簽訂日起實施。

（註：見《廣東海員工人運動史》中國海員工會廣東省委員會編廣東人民出版社第67-68頁）

# 三、省港大罷工的發生過程：

醞釀階段的組織準備：罷工領袖林偉民於1924年參加了中國

共產黨，並在1925年當選為中華全國總工會執行委員會委員長。蘇兆徵也於1925年2月在北京出席國共兩黨主持的北京國民會議期間，因經常同李大釗等人接觸，也加入了中國共產黨。

1925年3月海員工會發出《請看船東和香港殖民地政府欺騙海員》 的報導，揭露和回擊港英當局和輪船公司資本家拒不執行條約的醜惡行為；說明了簽訂條約的經過和內容，強烈要求執行條約，期望國內外的工人及團體給予正義的聲援。

林偉民撰寫了一篇《告全體海員同志》：

「1922年我們為要求加薪總同盟罷工，經過56天之久的奮鬥，因海員團結堅固的力量及工人階級一致行動，終於戰勝了我們的敵人——英國香港政府及資本家。這次罷工很值得東方被壓迫民族及全世界工人階級注意。我們知道，1842年，英國帝國主義者用兵艦大炮，打破了廣東，強迫中國訂立不平等條約，以便英國資本家侵略中國人民，並且想佔領香港做英國資本家的殖民地，從此以後，各國都跟著英國打進中國來，資方帝國主義的勢力在中國一天一天強大。他們的目的想把全中國的領土都變成他們的殖民地，全中國的人民都變成他們的奴隸。中國人民受了這種壓迫，當然要起來反抗。1922年的海員罷工，乃是中國工人階級第一次起來反抗資方帝國主義的壓迫。在這第一次的反抗運動中，已經表現了中國工人階級團結的力量。這次罷工勝利的影響，使全中國的勞動興起，使全中國的工友知道階級團結的必要，知道只有我們自己團結起來才能與壓迫我們的資方帝國主義奮鬥，保護我們自己的利益。

但是我們第一次罷工的勝利已經是過去的事了，近年來帝國主義者壓迫全國人民，尤其是我們工人，比較從前更加厲害了。我們還記得在我們罷工勝利之後，1923年英國帝國主義的走狗吳佩孚怎樣慘殺京漢鐵路工友。去年香港政府怎樣幫助商團慘殺廣東的工農群眾，各國兵艦怎樣在廣州恐嚇孫中山的革命政府。看哪，全體海員同志們，現在香港政府及船東又要破壞我們的條約了，帝國主義的強盜從前用大砲強迫中國與他們訂立種種不平等條約壓迫中國人民，現在又利用軍閥強迫中國尊貴他們藉以壓迫中國人民的這些條約，而他們自己卻破壞我們為反抗他們壓迫、

保護自己利益、由罷工辛苦得來的條約。這樣橫蠻無理的壓迫，我們能忍受麼？準備啊！同志們，我們十餘萬的中國海員，要準備起來擁護我們從前罷工所得的勝利品，不許英國香港政府及船東資本家破壞我們的條約。要達到這個目的，全靠我們自己團結的力量，全靠我們海員同人繼續1922年罷工的奮鬥精神。

同志們，在我們罷工三周年紀念日，我們印行這本小冊子，只宣布近來香港政府及船東破壞條約這事給大家看，不講別的什麼慶祝的話，為的是帝國主義者仍然壓迫我們，要把我們罷工的勝利品奪去，我們還要堅固地團結起來，準備反抗呀！我們要得到最後的勝利，還要繼續不斷奮鬥呀」！

省港大罷工的爆發源頭，是來自上海。1925年5月15日，上海日本紗廠廠長槍殺了因停發工資而要求發給工資的該廠工人顧正紅，並槍傷多人，激發起抗議示威浪潮，大批市民組織反對外國侵略的遊行，英國巡捕竟在南京路開槍射殺遊行群眾，造成11人死亡、多人受傷，史稱「五卅慘案」。慘案消息傳遍中國各地，瞬即激起各地人民的憤慨。國內不少大城市紛紛發起罷工、罷市和罷課，進行抗議。

消息傳到廣州後，6月1日超過一萬人參加援滬大遊行。其後，中華全國總工會建議於6月中旬在香港和廣州兩地發起愛國大罷工，得到廣州國民政府的支持。中華全國總工會於6月13日發表啟事，宣佈組織「省港罷工委員會」，蘇兆徵在第一次會議上被推選為委員長，他與擔任副委員長的何耀全、擔任顧問的鄧中夏等人積極配合，領導省港罷工工人堅持長達一年零四個月的罷工，創造了中國乃至世界工運史上的奇跡（註：周昭根、馬澤娜《1920年代廣州地區罷工工人的"再就業"》，蘇兆徵、林偉民與中國工人運動研討會入選論文集第38頁）！省港罷工委員會在廣州設置臨時辦公室，專責管理招待、募捐、宣傳和庶務等事宜，並於6月15日號召各工會通令全體工友發動罷工。罷工浪潮於6月19日由香港海員首先發起，能夠首先發起的主要原因，是林偉民、蘇兆徵兩位在海員工人中享有崇高威望，並加入了共產黨的工人領袖，起到了有效推動的作用（註：《中國職工運動史》鄧中夏著　河南人民出版社第186頁）。電車、印刷的工人相

繼加入罷工行列。幾十個工會緊隨宣佈加入罷工，酒樓、茶居、豬肉業、鮮魚行加入罷市，半個月內已有20萬人參加罷工，香港逐漸被全面封鎖（註：《開埠百年的香港》區志堅、彭淑敏、蔡思行著 中華書局第152-153頁）。

## 四、罷工人數和成因：

罷工的超過25萬人，能成功組織和推動罷工的原因，除了西方列強和日本等帝國主義對中國的掠奪的外因之外；內因就是中國工人處境的內在因素。佔人口大多數的、處於社會底層的中國工人和其他勞動者，大部份來自廣東的破產農民、城鄉手工業者和近海的船民組成，流動性大、教育程度低，技術工人與熟練工人所佔比重少。香港工人與內地工人、農民有天然的聯系，並具有相同或近似的特點。

香港中國工人受英國殖民統治，社會地位低下。為維護僱主利益，港英當局早在1843年就已制定法律，將僕役的各種"違約"行為，如無正當理由缺勤、對僱主粗野等，均以刑事罪論處，由警察將其押解巡理府究辦。在此後的半個世紀裡，中國僕役都受此項法律的約束。港英政府甚至在1902年第45號法例中將這種刑事制裁擴大適用許多行業的所有年逾16歲的僱員（包括製造業工人、技工和工匠），直到1932年（省港大罷工發生後6年）條例才被廢除。在西商經營的香港黃埔船塢公司、香港九龍碼頭及貨倉公司、中華火柴糖局、太古糖房等企業，中國工人受歐籍監工、領班監視；有些工廠門禁森嚴，有武裝的印籍保安人員把守，工人出入，常受搜身之辱。

由於僱主貪得無厭，因為勞動力市場經常供大於求，以致香港中國工人工資菲薄，並且常受招工經紀人、包工頭的剋扣。他們工作時間長、勞動強度大、勞動條件差。工人為求得溫飽，經常超負荷工作，其中尤以苦力工人為甚。香港中國工人身受港英當局的壓迫與歧視，又受中、西僱主的剝削，生活艱難。為改善處境，曾多次舉行罷工（註：《簡明香港史》劉蜀永主編 三聯書店出版 第97頁）。1922年海員大罷工和1925年的省港大罷工，

能成震驚世界之舉，其成因主要也在於此。

# 五、罷工的過程：

如前所述，1920年代中國民族主義情緒高漲。省港大罷工是一場規模龐大的工人運動，由1925年6月至1926年10月，歷時16個月，可以說是中國工人運動史上空前的創舉。

省港大罷工發起後，全港工團委員會發出《對香港當局提出的罷工要求條件》宣言，除了支持上海工商學聯合會所提出的條件外，還向港英政府提出六項要求，包括：

1. 華人應有集會、結社、言論、出版、罷工之絕對自由權；
2. 香港居民，不論華籍或外籍，應受同一法律之待遇；
3. 應給華工有選舉代表參與之權；
4. 應制定勞動法；
5. 應取消7月1日之新屋租例，並從7月1日起減租二成五；
6. 山頂應准華人居住，以消滅民族不平等之污點。

就以上的要求而言，罷工的訴求不但超越工人階級的利益和訴求，還替在港華人爭取應有的平等與權益。

可是，港英政府沒有回應罷工的訴求，汲取了海員大罷工的教訓，以強硬手段鎮壓罷工，宣佈緊急戒嚴、出動軍警維持秩序、派員追捕罷工領袖及禁止工人離港，其他居民如欲離港須有店舖代為擔保，同時亦爭取本地上層華人的支持，以謀求社會穩定。針對廣州方面而言，港英政府採取的措施，計有經濟封鎖和禁運、攔截前往廣州的所有貨船，並企圖封鎖廣州資訊，截查廣州經香港發出的郵電及扣查所有涉及罷工的公私郵電。

英國政府的強硬態度也導致了廣州「沙基慘案」的發生。廣州於6月23日聚集了超過十萬人示威遊行，遊行隊伍途經沙面租界對岸的沙基路時，被沙面駐紮的英、法軍隊開槍射擊，尋致52人死亡、170多人重傷，遂激發更強烈的民族情緒。在「沙基慘案」前對罷工還抱著猶疑態度的行業和工人，此時也紛紛宣佈加入，罷工人數上升至25萬。

廣州國民政府把責任指向英國，宣佈封鎖香港港口，抵制英

貨，同時為免在葡萄牙人管治下的澳門幫助香港，也同時封鎖了澳門的港口。香港對外交通癱瘓、工商停頓、糧食短缺，甚至糞便和垃圾也無人清理，堆積如山。居港的洋人慨嘆，連最低賤的事，也要親自動手做。香港社會秩序混亂，被稱為「死港」、「臭港」！

香港經濟受到嚴重打擊，英國政府明白到事態的發展，把態度強硬的第16任港督司徒拔Reginald Edward Stubbs調離，派遣金文泰Cecil Clementi接任，並同意派出代表與罷工委員會進行談判。可是，港府仍拒絕跟罷工工人和工會接觸，堅決以廣州政府作為談判對象。

談判經歷漫長的拉鋸戰，多次非正式會談後本來漸露曙光時，但由於中國的政治局勢出現微妙變化，致使港英政府態度轉瞬改變，談判再度陷入膠著狀態。1926年3月20日中國發生了「中山艦事件」，國共雙方矛盾加劇，英國政府把握是次機會，取消原定派出華民政務司、律政司、輔政司代表等人，赴穗談判的計劃，以圖爭取更大的利益。其後雙方再次展開談判也未能獲得解決方案，港英政府對談判顯得毫無誠意。廣州國民政府於同年須要應付北伐及北遷武漢等重要事宜，因而處理罷工一事日見促狹。國民黨為了解除後顧之憂，全力應對北伐，遂於9月18日在中央政治會議上，議決主動取消封鎖港澳，恢復粵港兩地交通。

是次罷工的結束，對國民政府鞏固廣東革命根據地和推動北伐戰爭，起了巨大的作用。

省港罷工委員會經過研究後，於第138次代表大會中通過發出如下命令：

# 《省港罷工委員會命令》

為命遵事：吾等反帝國主義乃一長期之鬥爭。現時國民革命勢力之影響，已擴大到揚子江流域，而吾等對英杯葛之舊形式，必須轉變之時機已至。故吾等審時勢而有新策略之決定。此種新策略即是由糾察封鎖之舊形式，轉變到全國用經濟武器之新形

式。簡言之，即是由我們孤軍奮鬥轉變到全國聯合奮鬥。現時已有可能準備此新的總鬥爭之實現。吾等確切相信此策略，其給予帝國主義之打擊，當十百倍於吾等過去十五個月之成績。當經第一三八次代表大會通過，決定於本年十月十日正午十二時，將各海口糾察一律撤回，暫行停止封鎖。除將宣言標語另行頒發外，合行令飭該會，仰即命令駐防各屬糾察隊，一體遵照，勿稍玩忽為要。又在該日十二時以前應聯合各該地民眾作熱烈之擁護自動停止封鎖，擴大反英運動，巡行示威，一面使民眾咸明瞭變更策略之重大意義，另一方面亦即加帝國主義以嚴重警告。惟在該日十二時糾察隊務必按時集中收隊，撤防回省。切切此令。

中華全國總工會省港罷工委員會

（註：刊於《工人之路》第461期，1926年10月11日。廣東哲學社會科學研究所歷史研究室編：《省港大罷工資料》廣州廣東人民出版社　1980年710-711頁）

# 六、罷工能夠經歷16個月的原因：

## 六.一　政府/政黨方面——共產黨、國民黨和國民政府之間的關係

　　省港大罷工發生前的時代背景。1920年是五四運動後，中國工人運動風起雲湧的時期，上海、武漢、廣州、青島等地的愛國群眾相繼發難，形成了全國規模的反帝浪潮。1923年孫中山在廣州再次建立政權，並提出「聯俄、聯共、扶助農工」等三大政策。1924年，在蘇聯和共產國際的幫助下，實現了國共第一次合作，中共在廣東各地建立黨組織、發動民眾、組織農會。

　　但是，廣州等地的工人並未實現廣泛的聯合與團結，不同派系的工會之間鬥爭激烈，嚴重時甚至釀成械鬥，工人的政治意識比較薄弱。面對頻發的工人運動，資本家或強硬對待、或妥協解決，不少罷工工人也遭遇到被解僱的不公對待，因而衍生出一些社會問題。在省港大罷工期間，蘇兆徵等罷工領導人，必須面對和解決這些問題。

　　共產黨領導下的中華全國總工會積極開展工作，蘇兆徵、何耀全、鄧中夏等人四處奔走呼號，深入工人基層內部，指導許多

行業建立了工會，並進一步加強各工會的聯繫，與工人內部的團結。值得一提的是，香港一些工團領袖平時並不參加具體工作，而是以抽取會費為生的。罷工既可博愛國之名，又可在罷工經費中牟利，故對罷工表現積極。（註：楊凱著《省港大罷工成因述論》，蘇兆徵、林偉民與中國工人運動研討會入選論文集第46頁）。

## 六.二 工會的力量

### 共產黨的組織領導作用和工人運動領袖的作用

中共策動的工人運動，多是先由共產黨員深入進行組織工作，之後再發動罷工。蘇兆徵則先在1922年在海員大罷工中，成為香港海員工運領袖，1925年春天，才在北京加入了中國共產黨。蘇兆徵在當海員期間，就多次參與海員的維權鬥爭，逐漸在海員中有了較高聲望。「中華海員工業聯合總會」的成立，和香港海員大罷工的勝利，更使蘇兆徵在海員中獲得了更高的威望。他積累了豐富的鬥爭經驗，也使自己的思想發生了變化，故而隨後加入了中國共產黨。

省港大罷工策動期間，蘇兆徵作為共產黨派往香港的黨員，利用自己的人脈和威望，積極主動工作，「整個罷工的準備工作，都是由鄧中夏和蘇兆徵進行的」（註：黃平著《回憶省港大罷工》中共廣州市委黨史資料徵集研究委員會辦公室編：《廣州大革命時期回憶錄選編》，廣東人民出版社1986年版第263頁）。

罷工發動後，蘇兆徵被推舉為罷工委員會的委員長、並兼任財政委員會委員長。但當時蘇兆徵在香港忙於不斷發動工人罷工，並未到會。直到他幾天後到達廣州，才知道此事。這更說明了蘇兆徵在工人心中的威望和地位。（註：葉慶科著《蘇兆徵評傳》，山西人民出版社1994年版第83頁）

省港大罷工有以下幾個明顯的特點：一是持續時間長，達16個月之久；二是規模大，十多萬人集中在廣州堅持罷工；三是罷工發生在香港、廣州這樣的大城市；四是組織完備，有蘇兆徵這樣傑出的本地領導人。不少海員骨幹，在罷工委員會中擔任了重要領導職務，除了蘇兆徵擔任罷工及財務兩委員長外、林偉民任

執行委員、何來任會計部主任、譚華潭任會審處主任、陳一清任
騎船隊主任、鍾芝任交通部副主任、馮永垣任庶務部主任、曾壽
隆任糾察隊副隊長等等，罷工委員會成立了中共支部。所有這些
組織措施，都加強了罷工的有效領導（註：《廣東海員工人運動
史》廣東人民出版社　第80頁）。縱觀近代中國工人運動史中，這
可算是不多的例子之一吧。

## 六. 三　罷工工人的經濟支援

　　1924年1月，因廣東工人組織工作受到重視，廣東籍的廖仲
愷被選為國民黨中央工人部部長。廣東國民政府成立後，廖仲愷
除任財政部長外還兼廣東省財政廳長，這對維持之後的省港大罷
工工人的生計起到了積極的作用。國民政府主要解決了罷工工人
的吃和住的問題，為長時間的罷工提供了「基本條件」。據有關
研究，截至1926年6月，罷工委員會共支出500萬元，其中280萬
元是由國民政府撥給或轉來的，佔全部支出一半以上。（註：曾
慶榴著《廣州國民政府》，廣東人民出版社1996年版第263頁）

　　考慮到罷工工人返回廣州後，必須解決經濟和就業的問題，
蘇兆徵領導罷工委員會與廣州國民政府積極聯繫，為工人提供了
多種就業途徑，讓罷工工人一定程度上的自給自足，亦可促進廣
州的市政建設、支援北伐軍的運輸任務。廣州國民政府令農工廳
在廣州市、河南、西關三處設立免費職業介紹所；1925年8月，
廣州市政廳以“工人為國犧牲，尤堪嘉許”（註：廣州市政廳：
《復罷工委員會（令各分局）酌量僱用罷工工人》廣州市檔案今
館藏檔案號4-01-001-0487-2-032）。1926年9月，國民黨中央
工人部、廣東省工人部、廣州市工人部部長聯合致函廣州市政
廳轉達財政局，要求承包汽車的商人“先用香港電車罷工工友充
當”（註：《國民黨即介紹工友職業》，《工人之路》1926年9月
18日，第2版）。

　　除了政府提供的就業機會外，各罷工工會還自己創業。香港
西廚敍藝工會同人罷工返穗後，自覺工潮的解決遙遙無期，為
補救失業，遂於7月14日，召集旅港罷工同人會議，討論救濟方
法。會議主席提出在工會存款中，撥出一萬元組織四個西餐工作
場，即河南、西關、南關、東關各設一處，用以安置罷工工友，

並即席選出鄭錫初、梁漢生、陳岳勳等12人為籌辦員，罷工工人踴躍認股參加。香港機器工會罷工工人6000餘人，在會內膳宿者800多人。為此，廣州機器總會在會內組織了一個機器製作場，招納罷工工友製造日用品。廣州車夫工會秘書處曾提議讓罷工工人從事人力車行業，在廣州市面增加600輛人力車。但農工廳廳長陳公博（中共一大代表）和廣州市政治委員會認為：突然增加600輛人力車，超過了市場的需求量。而且，製造600輛人力車需要大筆投資，如果投放市場後出現停開的現象，則投資者也會遭受損失，這項提議遂作罷。

此外，香港集賢工會、同德總工會、內河輪船總工會、海陸理貨員總工會、卸貨館總工會、煤炭總工會所屬工人不下四五千人，加以港英政府派間諜潛入廣州鼓動工人返港，各工會也擔心有工友被利用，因此於7月16日集會討論"根本安置失業工人問題"（註：《六工團決請開採北江煤礦》，《廣州民國日報》，1925年7月18日，第3版）。向政府呈請開闢北江韶關雞翼山的礦產。集賢和同德兩工會也擅長礦業工作。但這項提議因政府不批准而無法進行！

鄧中夏也說：「假如當時不取得國民黨的幫助，的確罷工一個星期便要垮台，試問十幾萬人的伙食經費從何取得？」（註：鄧中夏《省港大罷工》，《省港大罷工資料》，廣東人民出版社1980年版第39頁）。廣州政府還下令了封閉廣州所有賭坊煙館，連同市內所有的空房，撥給罷工委員會充作工人宿舍。工人集體住宿，憑票吃飯。1927年國共分裂（共產黨史謂之蔣介石背叛革命、大革命失敗）後，國民黨在自己控制的區域內，再也沒有如此積極的支持過工人運動了。

# 七、罷工結束的原因：

國民黨廣州國民政府為了解除後顧之憂，全力應付北伐，遂於9月18日在中央政治會議上，議決主動取消封鎖港澳，恢復粵港兩地交通。是次罷工的結束，對國民政府鞏固廣東革命根據地和推動北伐戰爭，起了巨大的作用。

# 筆者點評：

1. 發生省港大罷工的原因，是港英政府和各國船東，赤裸裸和橫蠻地拒不執行海員大罷工後，勞資雙方及港英殖民地政府及紳商簽字"保證執行"的協議；後果是加深了香港各業工人對西方殖民地統治者的惡感和不滿，提高了鬥志；

2. 由於上述情況，廣大的各業工人，仍然生活在基本的溫飽得不到保障的赤貧狀態下。有壓迫就有反抗的社會規律起的作用！

3. 中國整體而言處在軍閥割據的混亂狀態，但南方革命政府是較為傾向支持工人群眾的；

4. 發出大罷工號召的工會領袖，是大眾相當信賴和威信很高、鬥爭經驗豐富而貼近群眾的核心人物；

5. 至於省港大罷工未能像海員大罷工一樣，堅持到最後並取得勝利，可說是非戰之罪了！

6. 鑑於省港大罷工事件的歷史背景、西方殖民主義者對中國和中國工人的壓迫剝削等民族矛盾和階級矛盾的疊加因素，中國工會運動處於萌芽階段，故未能以單一工會發動罷工是否成敗來加以點評。

# 04
# 兩次的士罷工事件
## (1941年及1948年)

　　1941年，是太平洋戰爭爆發、香港淪陷的前夕。當時的物價以倍數計高漲，的士司機每月收入約為35元左右，工人生活處境極為困苦的狀態。1941年6月初，明星、上海、中央、黃的士、金邊等的士公司，共有員工300多人，在摩托車業職工總工會(下稱摩總)的領導下，進行要求改善待遇的鬥爭。向資方提出：減少工時、提高工資、損壞車免賠等三項要求。工會代表楊績、林新、植晉邦等與資方進行談判交涉。經多次談判毫無結果，而某些的士公司竟在談判期間藉故開除工人，更開除時任摩總主席的明星的士代表林新，這種挑釁和極端的做法，引起的士工友的極大不滿，勞工司竟亦放棄調解，使談判更陷於僵局。故拖延了幾個月仍未解決，迫使港九的士工友一致行動起來，於11月7日全部進行罷工鬥爭，連續罷工6天。

　　這次罷工，是港九的士工人聯合行動的第一次，使的士交通全部停頓。當時本港正面臨日軍進侵的局勢，由政府出面作出仲裁：司機每天加工資二毫半(原要求加五毫)，被除工人安排復工，並引用戰時國防條例，限令資方復業、工人復工。工會和工友鑑於一致抗日的大義、為顧全大局，接受了仲裁結果，遂於11月13日恢復工作，這場罷工鬥爭宣告結束。

　　一個多月後，1941年12月25日，日軍佔領香港，工會不甘在日寇鐵蹄下受其利用，主動結束會務，很多工友紛紛返回內地參加抗日工作。

　　日本投降後，百廢待舉、物價飛漲。1948年，港九的士司機為了爭取增加工資和改善待遇，在摩總工會的帶領下發起罷工行

動，爭取修訂勞資協約。其實，全港九受僱於八間的士公司（即明星、上海、中央、黃的士、九龍、新的士、金邊、大來）的工友曾於1947年8月在摩總工會的領導下，已和資方簽訂了第一份勞資協約，爭取到每天工資由五元增至六元，每天的工作時數由九小時減為八小時，以及每年設立有薪例假等改善司機待遇的成果。然而，由於當時勞資雙方同意將協約的有效期定為一年，故此要在每年協約期滿後再作商議。

此次由於無法取得的士公司資方的讓步，工會遂再次組織了罷工，由1948年8月開始行動，至1949年初共124天的工潮，期間可分成三個階段：初期是資方向的士工人的全面進攻；中期是工人堅決粉資方的各種進攻，並逐漸形成了全港九工人的大團結，叫喊出了「港九工人是一家」的口號，獲得了全港九工人的正義同情；後期是第三方面(政府和工賊) 片面公開協助資方壓迫工人。

1948年8月，也就是勞資協約期滿，摩總工會率同廣大的士會員和工友（八間的士公司，明星、上海、中央、黃的士、九龍、新的士、金邊、大來等當時共擁有324部的士和僱用了615名員工），要求資方修訂和簽署新勞資協約，以改善他們的工作待遇。在8月10日至9月14日期間，摩總工會代表與資方，先後進行了八次談判。可惜的是，資方不但無視於勞方作出的多項讓步，如將每天工資提高至九元的要求，降至八元(即加工資2元)等，還在僱主聯會的擺佈下，全部拒絕勞工的合理要求和關閉談判之門。資方的這種惡劣舉動，自然引起廣大的士會員和工友的極大不滿。對此，摩總工會於是在9月17日下午向資方發出七十二小時的最後通牒，敦促資方重開談判和給予的士工友一個明確的答覆。但資方卻沒有予以理會，結果迫使的士工友在8月20日首先由明星的士開始罷工，但22日其他七間公司突然關門停業、迫令工人交車及結數解僱，資方故意造成"一罷七停"的局面，企圖恐嚇工友而使港九的士交通全部陷於癱瘓！的士工友也被迫進行全面的罷工抗爭行動。

摩總工會為支持工人的合理正義鬥爭，發動各行各業工人捐款支持，以備長期抗爭。不僅如此，工聯會也發動屬下三十多間

工會，及各業勞工籌款和捐獻物資來支持這次抗爭行動，以及在社會上呼籲各界人士予以支持，因此給予廣大參與抗爭的行業工友們極大的鼓舞和力量。在整個的士工潮中，收到17萬多元的捐款，發給罷工工友每天生活費2元、每週發慰問米二十至三十斤，使資源顯得頗為緊張。儘管如此，廣大的士行業工友仍然團結一致，進行著艱苦的抗爭。

在罷工行動持續多天後，的士資方在港英當局的祖護下，在香港、澳門以至廣東省內大量招請司機，企圖化解這次工潮。不僅如此，港英當局亦採取了緊密的措施來加以配合，如交通部大量發放駕駛執照給予資方新僱用的人員；警察著令限制工會糾察維持和平及罷工秩序的活動；引發武裝警察與二百多名工會糾察在尖沙咀的衝突；製造港島天星碼頭拘捕四十二位糾察及在九龍毆打糾察的惡性事件等等。的士工潮的惡化，引起社會的廣泛關心和同情。

經過摩總工會和工聯會的再三努力，促使勞工處和華人代表羅文錦等人出面調停，促使資方在1949年1月6日與勞方代表重開談判。經過數度談判後，在摩總工會代表的據理力爭，廣大行業工友的全力支持，以及港九營業車（紅牌）亦舉行罷工聲援之下，資方終於被迫在1月21日屈服，並與摩總工會代表簽訂了第二份的士勞資協約。該協約的主要內容為：的士司機每天增加工資七毫半；每年享有十八天的有薪例假；得到病假與死亡撫恤金的待遇等等。在勞資雙方簽訂協約後的第二天，所有的士司機全面復工，使1948年9月20日起至1949年1月21日爆發的工潮宣告結束。這次工潮歷時整整124天，而其造成的影響不但轟動全港，而且傳聞世界，是香港工運史上的一個重大事件。

1949年9月出版的摩托車業職工總會會刊內，時任摩總副主席的謝偉志寫了題為**「的士工潮事後談」**的文章是這樣描述此次罷工事件的：

去年八月，的士勞資雙方協商修約，資方拒絕勞方合理要求而提出不合理條件，迫令勞方接受，繼而關閉談判之門，我明星的士工友被迫於九月二十日起而罷工抗議，九月二十二日資方又在僱主聯會（筆者按：應是指香港僱主聯合會）指揮下，進一步

以聯合七家的士公司關廠停業之刻毒辦法將我六百的士工友從職業崗位上踢下來，我的士工友憤極起而抗爭，「摩總」屬下各部門司機同業亦起而誓作後盾，鬥爭爆發之後，由於資方在僱主聯合會指揮之下，並在客觀上取得極多便利條件，另僱新人強硬開工，步步向勞方進迫，我工友執行1948年職工會條例所賦予之糾察權力，竟遭警察司限制干涉，而資方開車失事則得到交通當局的優容，僱聯會更屢次拒絕誠意談判，遂使鬥爭延長下去，無法解決。但資方亦每月損失60餘萬，九龍新的士公司且告易手，開車失事事件達百餘宗。招致社會人士和輿論紛紛責難。勞方在堅持正義鬥爭中則得道多助，社會人士的同情，一天比一天多，各業工友支援一天比一天擴大。

鬥爭一直相持了三個月，資方理屈受社會人士輿論責備日甚。其損失亦至嚴重，弱點暴露，資方要發動最後冒險了，於12月30日違反廣大社會人士的意向，並無視我的士工人的警告而擴大開車出尖沙咀，結果迫使我的士工友為了自己的生活保障；為了社會交通安全而出動了300工友擴大尖沙咀糾察，群情洶湧，情勢萬分嚴重，大隊警察到場鎮壓，勞工司親自到場保證負責即速調處，工聯會更積極起來聲援慰問支持，這樣一來，中斷了三個月的勞資談判便在勞工處的斡旋下重開了。

工友們和廣大社會人士都把合理解決工潮的希望寄托於重開的勞資談判，在數次的談判中，我勞方雖為迅速恢復安全的正常交通著想，順應社會人士的要求與期望，以冀工潮之迅速解決，始終以最大的忍讓精神，將條件降至最低限度以和資方談判，但資方卻固執單方面利益和受人愚弄而反覆無常。故意拖延，甚至有部份資方運用極不光明的手段來欺騙舊人復工和背信續僱新人，毫無談判誠意，因此，談判的拖延終於令到勞方代表忍無可忍，讓無可再讓的境地而再次破裂。迫使工友鼓燥憤激，又於1月14日聚集了數百人分別在港九兩地擴大糾察，竟被警察鎮壓，造成九龍的士公司門前警官擊傷糾察周述堯，天星碼頭糾察42人被捕事件。九龍的士工友以肉體結成鐵閘來制止資方開車，香港的士工友以集體入獄來反對資方開車英勇堅決精神，感動了廣大社會人士和振奮了各業工人，而當局壓迫工友的行動卻激憤了全

港工友，我營業車工友激於義憤，首先起而以停工行動聲援，工聯會率領所屬各業工會代表向當局籲請剋日釋放糾察並迅速解決的士工潮。在群情洶湧和輿論責難之下，12日警察當局把逮捕的糾察送交法院釋放，勞工處和華人代表接見我勞方代表表示當局對的士工潮的態度，和提出了解決的士工潮的具體條件，勸告我勞方代表接受。經工友全體討論，鑒於壓迫糾察情況，礙於環境，迫於情勢，為數百工友著想，為顧全社會秩序和市民交通安全，為順應社會人士的期望，不欲再多負累各業工友支援又作精神上和物資上的重負，並為尊重勞工處和社會賢達的調處，乃毅然讓步忍痛表示原則接受。靜後雙方正式簽約。

　　豈料資方竟又受人擺弄，橫生枝節，我勞方代表依約往勞工處數次準備簽約而資方代表竟藉詞推延，後又將其曾向勞工處和第三方面調解人表示同意之條件修改，竟向工友提出無理要求，至此，我工友同聲指責資方無信無義，不遵守自己的諾言，不尊重勞工處和社會賢達的保證，同樣也指責當局對資方的容忍縱容，以致再使工潮發生曲折於解決之前夕，遂決定再謁勞工處要求執行他們和社會賢達的保證，並轉達資方剋日實踐諾言，其一切不良後果，並應由資方負責。至此互相諒解，雙方正式簽約，二十二日我全體的士工友第一批三百餘人遂得重為社會人士服務。此次工潮，由1948年9月20日開始至1949年1月19日終結共124天（謝偉志說堅持一百一十七日），轟動遠東，自始至終，堅持一致。

# 筆者的分析和點評：

1. 戰後的香港，百廢待興、人浮於事，工人就業始終是在買方市場的不利形勢之下受僱工作；故此組織發動工人起來抗爭是非常困難的；

2. 但後來形成8間的士公司全部一起罷工的主要原因，還在於資方背後的僱主聯會，錯判形勢，企圖用最極端的方式打壓工人：採取一罷七停的決定，客觀上迫使8間的士公司的全部工人齊齊罷工。但當的士工人

在沒有被嚇倒的情況下，反而令資方無法下台，只有更加強硬，使事件發生了4個月，仍無法獲得解決；

3. 的士工人的背後是摩總，摩總的背後是工聯會和感同身受的各業工人。由於資方採取一了百了的進攻型策略，使一再退讓的勞方無法再退！事件極有可能進一步惡化，港英政府總的立場是支持資本家。但1948年底至1949年上半年，大陸的戰場國民黨節節敗退。港英當局在未有對誰勝誰敗的最後判斷時，是會留有一手的，相信是港英勞工處最後是希望解決事件而令資方稍作讓步而得以解決的原因吧！由於無法取得港英當局的文件以資佐證，故這只能是一個符合英國殖民地當局多年行為模式的一種估計了！

4. 摩托車業職工總會，於1987年改名為「汽車交通運輸業總工會」，在工聯會的屬會中，長期處於會員人數最多，在陸路交通方面--包括港九兩間巴士公司、的士、貨車、小巴、旅遊巴士等多個運輸業車種工人，還有駕駛教師分會，工會長期處於影響力最大的位置，故有其優勢的。

5. 其影響力，擴展到政府的交通運輸政策、立法、收費水平等方方面面。

6. 摩總，長期以來在運輸工人的組織中，動員能力強大，是工人權益保障的主要工會力量。

7. 故此，罷工是正面和勝利的！

## 個案歷史資料補充：

　　工聯會秘書李慶寧在《香港工聯會40年歷程》的總結報告初稿中，是這樣分析當時的政治形勢與港英當局對左右派工會的態度的——

　　1946年的五一勞動節，香港有五堆較為集中的慶祝活動，其中四堆有國民黨港澳總支部代表參加出席並講話。當年慶祝"雙十"也是分開舉行的。

　　1947年2月，有65間工會首先籌備成立"工團總會"（這工團總會與20年代的"工團總會"不同。

　　因當時勞工處顧問柏架通知進步工會一些負責人，就在同年

4月，工聯會的籌備工作也開始了。華民政務司和勞工處都推說香港還沒有工會法例，這個問題一直拖延了下來，工會的申請沒有得到批准。

實際上1947年僱主聯會的籌備工作早已開始了，一直到1948年3月，港英推出「1948年職業社團和職業糾紛條例」，把職業糾紛和職業社團合在一起，實際上把反罷工法例改頭換面推出來。

工會左右分立是長期存在的，同時也有港英的平衡政策(港府利用左右的矛盾和勞資的矛盾以維護本身的統治)。

但是，工會和僱主聯會都是在勞工處註冊的，而工聯會和工團總會則被排除在職工會條例之外，不准在勞工處註冊。

後來到1949年才推出一條「社團條例」來限制工聯會和工團總會，強迫兩會向警務處注冊。」

江西社會科學(南昌)1997.6.6—11(作者單位 江西省社 責任編輯：晨虹)《解放戰爭時期中共領導香港工運之經驗》(作者湯樂毅)D422「工人組織與活動」一文中，提及的士罷工事件，有如下描述——

第49頁「在1948年底的"的士"工人鬥爭初期，由於某些工會領導對勞工司抱有幻想，所以當資方在勞工司支持下強硬反撲時，我黨進步工會被打了個措手不及；後來及時拋棄對港英的幻想，堅決鬥爭，才使鬥爭轉入主動，以至最後勝利。」

第50頁：「1948年的"的士"工潮是屬於經濟性質的鬥爭，但帶有反迫害鬥爭的意義。

第51頁：「積極佈置下層群眾的抗議鬥爭，尖銳地攻擊勞工處和僱主聯會操縱資方破壞談判的行為，並選擇時機佈置了糾察集體行動，與阻礙罷工的警察抗爭，不怕迫出非法事件來支持合法鬥爭。以合法鬥爭為主，非法鬥爭相配合，是這次鬥爭成功的一個重要原因。」

第52頁：「1948年的"的士工潮，也是由明星的士公司工人出面發難，而其他7間公司工人積極支援，黨內積極動員投入鬥爭，外部以工聯會出面號召，最終取得了鬥爭的勝利。」

**筆者註：上述資料，只是筆者有文必錄而已！更多的歷史考證，有待專家發掘。**

# 05

# 電車工人罷工（1950年）

1. **電車工會簡史**
2. **上世紀四十年代末的香港社會狀況**
3. **事件的起因及發展經過**
4. **港英殖民地政府的介入經過**
5. **罷工事件的最終結果**

## 1. 電車工會簡史（2020年電車工會慶祝成立100周年）

　　1904年香港電車開始行走時，就開始有電車職工的組織，開始時是以外寓形式的「七號館」。這時期只能幫助工友解決食宿的困難，並為工友大家休憩座談之所。

　　1919年「五四運動」的浪潮提高工友的進步認識，派代表參加了第一次全國代表（勞動）大會之後，復經數度的會商，至1920年才成立了「香港電車競進會」。這時期，主要的鬥爭，是響應港九機工「要求改善待遇增加工資運動」，向資方提出如下之要求：

1）加薪百分之三十二點五。

2）取消不返工罰扣兩天工資的苛例。

3）取消每天晨早到廠等候點派出車，無車去則不給工資的苛刻。
　（此後人多時就派往車站坐亭）；

4）年尾發給三星期花紅。

5）超過八小時二十分鐘工作的補水（廣州話，即加班工資），一小時作二小時計算。

6) 年級加薪：在公司服務滿三年者加二元，滿五年者加四元，滿十年者加九元，加至二十年級止。

7) 在總站設兩名替代人(即坐亭者) 以便工友急需時替代工作。

8) 頭尾站設一轉線撬路(轉路軌以改變行車方向)人，免除售票工友濕身之苦。

9) 非經勞資代表會商決定，不得任意開除工人。

　　在工友的團結合作與工會正確領導下，結果獲得了全部勝利，從而競進會也更加鞏固和發展了。

　　1925年省港大罷工，工會派出幹部參加；1927年國民黨反共清黨運動後，競進會也解體了。1930年在接納了資方三個條件(1. 資方代訂規條 2. 資方代管財政 3. 會址設在廠內)後成立了「營業部慈善會」，這時期只能舉辦疾病救濟、死亡撫卹等工作而已。

　　1931年在工友的合理要求下，資方才允許組織慈善會。九月因人數眾多，地方狹隘，遷到軒鯉(尼)詩道473號四樓，並正式註冊成立了「香港電車公司營業部華員職工存愛學會」，才能夠自由舉辦各項福利和康樂活動；並要求改善多少待遇和爭取到每月一天有薪假期。

　　1932年「12.8」淞滬抗戰，工會把存愛學會的「學」字刪掉。

　　1937年開辦工人子弟義學一所。

　　1939年會務空前發展，並配合抗戰的需要，展開各項救亡、救災工作。

　　1941年聯合機器部工友，兩次向資方要求改善待遇和增加工資每人兩元及增加年尾一星期花紅，都取得勝利。當年六月，因戰爭消息漸緊，物價高漲，全體工友再向公司請求加薪和伙食津貼，工會亦加貯大批米糧以備戰時之用。日寇侵港時期，工會領導工友維持市面交通和擔任救護工作，直至香港淪陷，會務全面停頓。

　　1945年香港重光，工會恢復運作，並向資方提出要求：1. 復用1941年全體工友2. 發給戰時酬勞金3. 承認戰前的保證金及各種待遇並加給生活津貼4. 負責維持復員報到之工友臨時伙食。

雖然資方打算挑選工友復工，但在工會據理力爭下，獲得了全體工友抽籤依次復工的勝利。隨後經過數度的勞資談判，資方答覆了增加工資及將善後津貼由一元加至1.5元(月薪42元)；並發給3.75個月的戰時酬勞金和承認戰前的保證金與待遇。

1946年1月把存愛會的名稱改為「香港電車公司華員職工存愛會」，刪去了「營業部」三個字，成為會員涵蓋全廠的工會了。

此後，在6月數度代表工友要求改善待遇，結果成功爭取到：1.8小時工作制　2.工資制度重新訂定　3.疾病支薪辦法　4.災害賠償　5.喪事津貼　6.受薪假期(每月放假兩天、每年例假18天)。並聯合各友會成立了勞工子弟教育促進會和創辦勞工子弟學校，解決了當時港九1,200餘名工人子弟的就學問題。

1947年9月又聯合各大公共事業(電力、港燈、電話、煤氣)工會，成功爭取加薪和改善待遇。

1) 工資：熟練工人──由2.7元加至4.05元、收銀──由1.875元加至2.81元、守閘──由0.937元加至1.22元、粗重工人──由1.185元加至1.53元、半粗重工人──由1.01元加至1.32元。

2) 例假：改為每星期放假一天、年假18天不變。

3) 生活津貼：守閘、粗重工人、半粗重工人一律發給甲級津貼(原發給乙級)。

(註：梁偉中　香港電車職工會刊　電車工人新一號1948年12月30日及1950年8月1日出版)

1949年12月開始的四十多天的保障生活鬥爭，基本勝利，爭取到：

1) 增加特別津貼每日一元、

2) 年尾發給雙薪雙津、

3) 增加死亡撫恤、

4) 調整學徒薪金。

## 2. 上世紀四十年代末的香港社會狀況

失業、失醫、失學、物價飛漲、政府行政效率低下、公務員貪污腐敗嚴重。

按照1949年憲報刊登：當年度港英政府財政盈餘8,212.88萬元，財政積累盈餘：1.5415億元。

估計失業人數：樹膠業4000人、搪瓷業千多人、五金燈泡業700人、內衣業近千人、織布和織造業亦有大量失業和半失業的人；工商業不景氣，造船、建築、裝修等工程冷淡；600名沙模工人中，半數失業；200餘名窩造工人，百餘名打掙工人，幾全在失業和半失業狀態；油漆和木匠失業工人約在百分之八十以上；還有藤器、印務、西式女服、洋務等也有千多工人失業。單就上列行業來說，估計失業人數已達兩萬以上。

工聯會工人醫療所，每日來門診人數有六十至百餘之數，在七月份內，診病人數921人(1743人次)。

## 3. 事件的起因及發展經過

1949年港英政府修訂了1927年頒佈《非法罷工和閉廠條例》Illegal Strike and Lock-out Ordinance，完全禁止任何形式的罷工。但電車工會居然向電車公司資方發 "最後通牒"。事因1949年5月27日工聯會屬會根據生活津貼計薪的工會，包括公務員、各公共事業(電車、港燈、煤氣、電話、中電，合稱四電一煤)、英資財團公司，等工會代表約見勞工處長蘇雲，詢問生活津貼問題(此時已由每周改為每月)。蘇雲回答，即將公佈的生活津貼為84元，即比上月增加3元。工會代表指出，現時的物價超過1946年，當年的生活津貼已有93元，現在反而減少，可見生活津貼的計算與實際情況脫節。蘇雲答應暫不公佈，經過 "核算" 後為87元，如此每月增加一點點，拖到10月和11月，期間工聯會代表一再造訪勞工處，才增加90元和99元(註：周奕著《香港工運史》第264頁)，當年4-6月，大米和生油分別漲價29%和9.5%、港產和進口蔬菜分別漲價了18%和26%、鮮魚漲了125%。

　　到9月19日英鎊宣佈貶值，情況進一步惡化。在《非法罷工和閉廠條例》的禁制下，廣大基層市民只能節衣縮食，由此而產生的是營養不良、疾病叢生，兒童失學。

　　與此同時，中國大陸的政治局勢發生了翻天覆地的變化，10月1日中華人民共和國成立、10月15日廣州解放。這段時間神經最緊張的是港督葛量洪，而10月17日解放軍到了深圳就戛然止步。對中國新政權並不友善的葛量洪開始以強硬的手段對付境內親新中國政府的組織，包括工聯會及其屬會，以鞏固其殖民統治。

　　1949年12月初，五大公共事業工會組織改善待遇委員會，分別向各自的資方提出特別津貼的要求，有的工會如電力、電話還未提出數目，馬上就遭到資方的斷然拒絕，資方甚至放出消息說，在僱主聯會的統一協調下，資方將統一行動，不會被勞方"各個擊破"。　工聯會在「發動群眾、組織群眾」的指導思想下，在五月下旬，組織了一次五大公共事業工會約1500人參加的盛大聯歡會，加強了各大工會內基層工友之間的聯繫；後來在9月下旬又組織了一次包括海軍船塢、太古船塢、九龍船塢、深水埗船塢等四大船塢的工友在紅磡舉行盛大聯歡活動，這四間工會號稱"四龍"，加上原先的五大公共事業工會，便是「四龍五虎」。工聯會屬下還有幾間實力相對強大的工會，如洋務、牛奶、汽車(時稱摩托工會)、海員，都紛紛有所動作，令港英政府有點如芒刺背的感覺！

　　12月2日，電車工會向資方提出五項要求：
1) 增加特別津貼至每日3元；
2) 年尾發給雙薪雙津；
3) 司機的薪金提升至熟練技工級別，即每日工資4.05元；
4) 工友在職逝世撫恤金增至500元；
5) 增加學徒薪金。

　　跟著，其他四間公共事業工會、兩間巴士工會、郵務和牛奶工會，都提出特津及其他改善待遇的要求。

　　鑑於僱主聯會已經發出絕不妥協的講話，電車工會於12月8日召開特別會議，指出資方藉拖延來消弭工友的鬥志。12日和

13日，電車工會分別召開日、夜班工友大會，號召團結、防止分化。

12月15日，資方只答應增加學徒工資一項。

12月17日，電車工人改善待遇委員會向資方發出48小時的最後通牒，這個行動明顯地有挑戰殖民地政府所頒佈的《非法罷工和閉廠條例》的含義。雖然最初的出發點是改善生活的行動，但無可避免地被視為有政治意義，因為當時警務處長已於11月上旬解散了三十多個青年團體而被迫停止活動了。工聯會亦意識到這是"反帝反殖" 該做的事了。

12月19日，48小時的最後通牒屆滿，電車工會順延24小時，經過一再順延、一再談判，資方對工會的五項要求答應其中三項，但是特別津貼和司機調級兩項始終拒絕。勞工處曾經提出仲裁，但處在旺盛鬥志中的電車工人，不予考慮。

12月22日，電車工人改善待遇委員會第二次向資方提出最後通牒，限令24日上午五時答覆。與此同時，其他四間公共事業工會、兩間巴士工會、郵務工人，都向資方施加壓力，提出改善待遇要求。實際上，這是一場香港工人與壟斷資本財團的鬥爭，在壟斷資本財團的背後，是僱主聯會和港英殖民地政府。

從歷史的角度而言，這是繼1922年海員大罷工和1925年省港大罷工之後的另一場惡鬥。20多年前的兩場大罷工，香港工人背後的是廣東省國民革命政府；而今天，背後另一個堅強的信念和精神支柱，是新中國的成立和人民當家作主。

但工會必須考慮的是：最後通牒期滿後是否罷工？倘若一旦罷工，就是違反了港英的"法律"，這是各方面人士一直關心的問題。電車工會對此一直不表示態度，其實幕後已經作出了安排只是暫時不予公佈，辦法就是"怠工"！因為法例只是明文禁止罷工，而沒有訂明不許怠工。這種怠工的做法，電車工人在兩年前已經實行過一次，當時是抗議資方無理除人，怠工的行動令公司營業收入減少了三分之一！

12月23日上午，電車工會收到了公司一封了無新意的覆函。當天晚上，工會在電車勞校(即電車工會辦的勞工子弟學校)召開全體工友大會，會上決定在最後通牒期滿時即採取行動——怠

工，電車照常行走但不售票。這樣做的好處顯而易見：一來交通不會停頓、二來免費乘車市民歡迎、三來不觸犯殖民地政府法律、四來資方只有支出而沒有收入。此次行動工友稱之為"賣大包"（廣州話，即大贈送！）！因為全體工友都參加而令資方無法個別對付工人。具體細節做法包括：開車時售票員把錢袋放在司機旁邊、收工時將所有錢袋集中交到工會，然後才分批回廠，做交收手續，避免公司個別恐嚇工人！

12月24日清晨，電車一輛輛如常開出，但售票員不售票收錢、司機則完全不理行車時間表而蝸牛式行車、稽查員循例上車，但只是站在司機旁，沒有查票也不敢吭聲。這天是聖誕節前夕和周末，乘客本來就相當多，加上免費乘車，故特別擁擠。工會對此早有所料，特別安排休班工人在多人的車站維持秩序兼向乘客解釋和宣傳。此次行動令資方每天大約損失五萬元（註：按電車公司1948年的年報推算）。

12月25日電車資方破天荒地通過律師向工會發出警告信，以除人、停車作要脅。工會立即覆信，希望以談判來解決問題，表明談判之門仍大開。

自24日起，怠工行動進行了四天，28日大清早，車廠門口貼出了閉廠除人的通告，內容如下：
1）自今日起解僱全部售票員；2）因此暫不能出車；3）給予全體司機及守閘員提前七天的解僱通知。在此期間，他們仍應回廠報到；4）除司機及守閘員外，其他職工不在此例；5）凡申請再錄用者，必須忠誠服務；6）被解僱者本月30日發薪並發回保證金，到時須交回制服及工具。

公司同時貼出一份招工報告。

由於資方閉廠除人，從12月28日起市面上已經沒有電車行走。電車工會立即去勞工處提出質問：資方此舉是否違反"反罷工法"中不許非法解僱一項？但勞工處卻指是"合法"的！如此說來，港英的法例，只是用來箝制工人的本質。對於資方不顧公眾利益的事，則是可以視而不見的。從該日起，工會在電車廠外，佈下了一條600人的糾察線，實際作用是把整個電車廠都包圍起來了。而警方則出動200名警察進行監視。兩天後（30日）

是發薪日，但並沒有一個工人去領取。

　　工聯會在28日晚上召開緊急常務理事會，呼籲各業工人支援電車工友，此舉明顯又是有與港英法例對著幹的味道。其實從24日"賣大包"行動開始後，各業工人的慰問隊伍是絡繹不絕的：三電一煤、摩托、牛奶、民航、五金等工會工人都到電車工會開座談會、聽介紹情況，工會會所根本容納不下，大家就走上空間較大的天台。就工會運動而言，這確是一個鍛鍊、提高工人隊伍的好機會。各業工會也通過慰問、籌款支援電車工人的過程，去進行階級教育、宣傳辦好工會的道理。據時任五金工會書記的周奕說，他在動員五金和燈泡工人慰問電車工人的過程中，也為五金工會發展了一批新會員。

　　電車工會從收到的捐助中撥款購買大米，每位工友發米10斤。過了兩天，工會又派出大批探訪員去家訪，每戶發給現金5元，以舒燃眉之急。兩星期後，電車工會再派發大米，每人10斤。到此時，工會手上餘款不多了，於是向工聯會告急，工聯會馬上召開全體理事會議，各工會當場認捐了44,000元。（註：《香港工運史》利訊出版社　周奕著　第268-275頁）

# 《電車工會》資料室的事件日程表是這樣記錄的：

**苦鬥的歷程**(原文照錄)

　　1949年

12月1日：電車職工會屬下各部工友，因為目前生活程度不斷高漲，生活陷於極度困難，特召開特別會員大會，要求電車公司保障生活。

　　2日：電車職工會將五項保障生活的要求提交資方。

　　8日：電車工會召開各部代表會議，報告當前情況，徵集代表意見，會中一致指出資方可能用拖延手段，利用時間，分化工友團結，故必須加緊團結提高警惕，揭發分化陰謀，爭取鬥爭勝利。

　12日：單號車司機工友舉行大會，表示要與各部工友，聯成

一氣，可並駕齊驅，為保障自己生活而戰鬥到底。

13日：雙號的收銀工友舉行大會，到會工友空前踴躍，突破任何一次會議紀錄，會中號召工友，隨時揭發資方分化陰謀，堅定信念，站穩立場，緊密團結，爭取鬥爭勝利。

15日：電車工會提出的五項保障生活要求，到今天才得到資方的答覆，但資方只答應了五個要求中的一個條件，即年尾獎金，其餘四項一概被拒絕，當晚舉行工友大會，工友聞悉之餘，群情激憤。

16日晚：繼續舉行工友大會，一致認為資方毫無誠意，決定於17日向資方提出通牒，限期完滿答覆。

17日：上午12時，由劉法主席將通牒遞交資方，限資方於1949年12月19日以前完滿答覆，並要求於本月2日以後無理開除及處罰的工人，予以復工免罰。

19日：通牒期滿，上午11時總代表劉法、歐陽少峰、陳耀材三人見資方總經理西門氏，資方多次推諉，通牒要延到20日上午11時答覆。工友聞訊後，群情洶湧，要求開始行動，經再三考慮，為顧全市民交通，准予延期。

20日：電車工友上午9時與下午7時分別召開單、雙號工友大會，商討對策。

最後決議21日上午與資方的談判是最後一次的談判，若資方不顧工人生活的艱苦，不接受合理要求時，工友將隨時採取行動。

21日：在勞工處談判結果，資方仍拒絕特別津貼及司機薪金兩項，只有年終獎金在舊曆十二月以前發給一項，得到雙方同意。

勞工處長鶴健士提出「反罷工法案」促工友注意，又提出「仲裁」問題，工友最後決定於22日向資方提出最後通牒。

22日：電車工友於下午三時，由總代表三人將最後通牒送交資方，限資方於本月24日上午五時以前圓滿答覆。

同時具函知會勞工處，將向資方提出最後通牒經過，呈報存案。

晚上各部工友召開代表會議，討論行動前的必要準備。電車、電話、電燈、中電、煤氣五大公用事業工友，為要求保障生活，發表聯合聲明。

23日：資方對工友的最後通牒，今日下午五時正式答覆，堅持21日在勞工處談判時表示的意見，其他一概拒絕。

因此，電車工會發出告社會人士書，決定採取行動，但為了照顧市民交通，尊重市民利益，非迫不得已時不罷工。

工聯理事長張振南發表談話，希望勞工當局和社會人士，主持公道，責成資方照顧工人生活，打開談判之門，開誠相見，協商解放。

24日：電車工友為爭取保障自己的生活，為照顧市民的交通，不得已採取怠工行動，電車照常行駛，不售車票，接載乘客，一切在有計劃、有秩序的情況中進行，乘客雖然特別擠擁，但幸未發生意外，市民讚揚工人的做法。

電車工會舉行記者招待會，報告爭取合理的生活改善的經過，並聲明不得已而怠工的苦衷。

25日：電話、電燈、中電、煤氣工友對電車工友表示支持，要求各工會下令怠工。

律師代表資方致函電車工會，內容完全推卸責任。

電燈工人慰問電車工人，學生紛紛送物品慰問。

26日：電車工會三名代表覆函西門氏，建議用談判方式解決此次勞資糾紛。

三電一煤慰問電車工友。

某熱心人士捐500元慰問電車工友。

27日：有五虎之稱的四電一煤，在海塢（即海軍船塢工會）天台舉行聯歡會，劉法主席號召大家發揚過去並肩奮鬥的精神，同甘共苦，一齊作戰，以取得最後勝利。

工聯會副理事長麥耀全痛責電車資方頑固，呼籲當局主持公道。

28日：清晨四時，工友照常上班，資方突下令封閉廠門，停止行車，召武裝警察二百多名在車廠周圍佈防，拒絕工友上班，資方通告解僱全體售票工友。

上午十時電車工友三名總代表赴勞工處報告經過。

電車工會發表「告社會人士書」，指責資方用除人、關廠、停車，並召武裝警察衝鋒車來威脅壓迫和分化工人，這種做法只會擴大糾紛，不能解決問題。

電車工友宣誓鬥爭到底，各工會繼續慰問。

工聯會開緊急常務理事會，決定：1. 見勞工處長，2. 號召工聯會屬下全體十萬工人動員起來，強力支持電車工友。

工聯會代表見勞工司，麥花臣態度表現冷淡，竟說：「雙方各有自由未便干涉。」

電車工會致函資方，指責除人停車關廠，聲明資方應負完全責任。

洋務工會屬下樂斯、半島、淺水灣、香港四大酒店，大英職工紛紛來慰問。

30日：資方通告發薪，但沒有一個衰仔去領，資方分化計劃，完全粉碎。

31日：工友照常上班，分組舉行會議，學習鬥爭經驗。

各方紛紛慰問，本日共收捐款二千餘元，物資一大批。

1950年

1月2日：電車工會致函資方，建議中間人士調處，早日解決工潮，並指出：「在談判中要在正常的基礎上恢復公用事業的供應」。

港英政府悍然遞解了劉法、植展雲、周璋三人出境，但同時釋放了20名被捕的電車工友。

廣州市電信局發起每人捐三千元的運動，購米百擔抵港。

各方慰問，絡繹不絕。

3日：電車工會發表意見書，為表示勞方的誠意，鄭重建議，採取有第三者參加的協商評議的方式解決糾紛。

慰問隊伍，整日不絕，各方捐款近九千元。

三電一煤工友聲明，堅決支援電車工友。

4日：支援電車工人熱潮高漲，慰問隊伍匯成巨流。首都人士和廣州市總工會來電慰問，電車工會派出5名代表，見勞工司及警司，幾經交涉，無具體結果。

5日：資方覆函工會，堅持仲裁。內地多個城市聲援香港電車工人。電車工人在工聯會舉行同人大會。

愈鬥愈強，一群「森把溫」(即英文Number one)參加陣營。

38個被迫害團體、舉行了千人的大會，慰問電車工人並獻旗獻金。

6日：工會發米，每人十斤，公司發薪，無人去領。

電車工友發表聲明，顧全市民利益，建議立即恢復通車。代表往訪警司，交涉未有結果。四電一煤等各工會團體舉行聯合座談會，四大船塢工會舉行慰問電車工友大會。

各工會發起一元運動，支援電車大佬。

7日：工友首次和總經理莊士頓舉行談判，未有結果。

8日：澳門工人發動工人捐款，支援香港電車工友。電車工友一再忍讓，在苦心維持交通、照顧市民的利益決定下，定於十日復工。晚上工會舉行同人大會，代表報告昨日與莊士頓會談經過，決定關廠期間薪津，願意保留至復工後談判。

9日：電車工友代表再度會見莊士頓，根據雙方多次接觸意見，雙方同意了6項協定：1.全體復工；2.受傷者癒後復工，出境工人薪金照給；3.升級退休金，年終花紅照給；4.停工薪金保留談判；5.特津看牛奶公司仲裁結果；6.10日發薪。

電車工會發表勝利復工聲明，10日工會舉行升旗禮，分派

「勝利糖」。

(註：《電車工人．保障生活鬥爭特刊》香港電車職工會保障生活委員會編．1950年6月15日　第7-10頁)

# 4. 港英殖民地政府的介入經過

1950年1月30日，社會上38個青年團體第二次對電車工人舉辦慰問大會。當日警方改變了部署，用鐵馬封了波斯富街——只許出不許進；進入工會所在的羅素街，只能由堅拿道東進入。整條羅素街長約100米，沒有多少店舖，但有些大牌檔，街道不闊。工會裝了擴音喇叭，有逾千名青年、電車工人，擠不上工會和天台的，只能在街上聽廣播。慰問大會在晚上九時開始，樓上和街上的群眾，互相以喊口號來互相呼應！

十時左右，一名外籍警司和幾名軍裝警察進入工會，把懸掛在騎樓面向街道的擴音喇叭拿走。街上的群眾忽然聽不到播音，起初不知道是什麼事，後來見到警察挾著喇叭落來，便簇擁上前交涉！那外籍警司拿出警棍揮舞，群眾起哄，場面混亂。幾名警察向堅拿道方向走，群眾在後面迫近。不料警司一聲令下，華警列成隊形，向前步步逼近人群。電車工人糾察隊馬上手臂扣著手臂列成陣勢以保護群眾，外籍警司哨子一響，第一排的警察後退，後面手持籐牌、戴著防毒面具的防暴警察列成陣勢操向前，並向羅素街發射催淚彈，並疾步上前揮動警棍向糾察們迎頭扑下，頂在前排的立即頭破血流！史稱羅素街血案，電車工會至今仍用1.30作為會徽！

1950年2月9日勞資雙方達成復工協議後，6月，電車公司總經理莊士頓單方面取消每月的勞資會議，7月以內部通知形式宣佈不承認電車職工會，此後工會更不能在車廠內張貼佈告及收取會費了。同時，資方開始扶植親國民黨的"電車自由工會"，採取分而治之的做法。

東西方不同意識型態的對峙，是此時國際政治逐漸形成的大背景。1950年6月，朝鮮戰爭爆發，中國派出志願軍入朝，全面進行抗美援朝的行動，對香港殖民地政府和英資公司，對支持新中國成立的工會，痛下殺手，是否一個關連的因素，有待歷史學

者去研究考證。

1951年11月30日，電車公司撕毀了所有31年來勞資雙方簽訂的協議，並公佈由資方單方面制訂的"員工僱用合約"，對全公司的員工實行明加實減的新制度。

1951年12月12日，電車公司發表聲明：不承認電車職工會。資方、僱主聯會、港英政府背後有一個重大政治目標，就是以電車工會為缺口，從而在太古、九龍及深水埗三大船塢，加上中華電力公司，推行凍薪措施。港英政府採取對工會更強硬鎮壓的態度：警探闖入工會理事會議、遞解工會理事出境的事件，經常發生。1952年6、7月間遞解了16位電車工人出境，意圖壓制工會的活動；並於同年9月1日解僱35人、11月11日再解僱31人。

經過談談打打的談判，1953年7月朝鮮停戰協定生效。1953年資方降低調子，由大批地解僱工人，改為多批少量地，每次解僱數名工人，是年分9批，共解僱了55人，每次除人，必定有數名工會的理事和積極義工在內。

1954年3月15日，資方開除街外工程部工人32名，7月1日開除31人，但其中包括了在公司服務29年的工會主席陳耀材。這顯示了資方過去用經濟理由(人力過剩)，到這次赤裸裸地向工會政治上進攻了！從1952年9月1日起，電車公司資方共開除工人13批、184人。在乘客增加、利潤上升的同時，因人力不足而導致開車不足。早在8月26日，電車工會向資方提交最後通牒，8月28日48小時屆滿。工會召開大會，決定停工兩小時，但沒有宣佈行動日期，令警方緊張地戒備幾天。8月31日凌晨五時，留宿在電車工會的人員，在堅拿道東、羅素街、勿地臣街、霎東街佈下了一條500多人的糾察線，把電車廠包圍起來。原定5:32開出的第一班車，到7:32才在工會負責人一聲令下、糾察線撤銷後才可以開出。

# 5. 罷工事件的最終結果

在此之後，勞資雙方進入了曠日持久的角力。由於工聯會的支持和協調動員，各業工人不停的慰問和聲援，50多間工會代表

到場慰問，致送六萬多元慰問金、中華巴士員工決定採取同情罷工15分鐘的行動。

10月10日凌晨三時，留宿在工會的糾察隊便在羅素街及北角新廠佈下糾察線，凌晨5:30車廠大門打開，但一輛電車也開不出來。

各業工人的慰問品源源送到。當晚十時召開員工大會，決定翌日恢復工作。隨後，工聯會在10月21日的緊急理事會上，成立「促進談判解決電車糾紛委員會」，除屬下47間工會外，另聘其他工會代表為委員、造訪社團首腦、工商名流。至8天後，共訪問了101間社團和200多位社會名流，把這些社團解決電車糾紛的意見，分別轉交華民政務司或勞工處。但是港英政府仍然是不瞅不睬的態度，充分顯示出殖民地政府的高傲，絲毫不關心基層市民的疾苦。這其實是某種程度埋下了13年後「反英抗暴」事件爆發的因素(註：《香港左派鬥爭史》增訂版　周奕著　利訊出版社第132-137頁)。由於港英當局使用步步脅迫的做法，例如在11月25日警務處長約見工會主席陳耀材，指出如果電車工人"犯法"　就會嚴厲處置、包括工會負責人在內。這幾句充滿殺機的說話，工會必須更為小心應對。11月27日，72小時的電車工會最後通牒已屆滿，警方通令全部取消休假，包括後備警察、消防也要集中候命。但工會不採取硬碰的做法，而是通過由電車工會致函警務處長的方式，把警務處長對陳耀材的說話內容公開，高調地抗議警方的干預。11月29日晚召開全體工友緊急大會，通過將第三次抗議行動延緩到12月4日，12月3日"三電一煤"工會招待電車工友，高調地聲稱要以一切力量來支援電車工友。但之前在12月1日發生了一件電車稽查與幾位工人的爭吵，在警察出現後立即有8位工友被拘捕和判罰。這種資方與警方勾結，擺明挑釁和蓄意製造事端的情況，使工會不得不考慮採取降溫措施。在1955年電車工人慶祝元旦的大會上，陳耀材宣稱，堅持長期鬥爭，隨時準備行動。等於是給這次鬥爭劃上了句號。(註：《香港左派鬥爭史》增訂版　周奕著　利訊出版社第132-138頁)

# 筆者點評:

1. 工會在事件的過程中,始終保持旺盛的鬥志,得到大部份的電車工人支持,這是最基本的成功爭取的主要因素;是值得肯定的。

2. 多年的團結爭取,涉及的工人利益是確實增加了、勞動條件和收入待遇是得到某種程度的改善。確實是做得到,通過每次的抗爭,都能夠迫使資方有某種程度的回應和改善。工人能夠持續多年的爭取,是與工資待遇微薄,基本的溫飽得不到滿足,也是很重要的原因。

3. 僱主(資方) 因罷工而不得不重視工會的代表性,從而作為談判、協商、協調的一方。

4. 當然,事件發展到港英當局視工會為必須消滅的對象。筆者相信,是與當年的國際政治鬥爭,有莫大的關連,英國人政治上緊隨美國,自然視香港境內的左派工會,是一股威脅其殖民統治的力量,必須除之後快,這也是合乎邏輯的推論。

5. 促成了政府因此事件的爭議內容,而產生了勞工立法的推動力。電車公司開除工人補償七天工資的做法,是在沒有僱傭條例之下資方的做法。直至廿多年後,1968年港英首次訂立僱傭條例時,才在法例中列明工人被開除時,可享有最少七天工資的代通知金。故有人稱這為「莊士頓定律」!

6. 資方在罷工事件中的生意和業務,是受罷工影響較大的,例如,在"賣大飽"的怠工行動中,令資方損失甚大。

7. 總括來說,電車職工會的組織和策劃罷工行動,是成功的。行動遵循有理有利有節的策略。在爭取到電車工人的權益的同時,電車工會能夠在港英政府針對的政治環境中生存、發展、壯大。

1月30日晚上，港英政府重兵佈陣，封鎖羅素街入口。

羅素街工友集會被洋警官拆走擴音器，在場工友情緒激動，工會糾察仍竭力維持現場秩序。

那年代，沒有勞工保障，更沒法治可言！
工人要爭取多一點點保障十分艱辛，惟有靠團結抗爭，甚至流血犧牲⋯⋯

1949年12月28日，電車工人在羅素街工會天台舉行大會，遵從工會決定進行罷工以爭取特別津貼。

# 06

# 香港實業廠1400人 罷工事件(1975年)

　　堅尼地城士美菲路「香港實業公司」(下簡稱實業廠)1975年11月18日,因新來港履任總經理的杜雅瑟(猶太人)為加強管理,開除兩名高級職員,引發了全廠1,400名工人罷工事件。港九樹膠塑膠業總工會(下簡稱膠業工會),作為全港行業工人利益的代表者,罷工事件雖然不是工會組織發動的。而且嚴格來說,是有資方高層權力鬥爭和管理不善的種種原因,但工會在廠內有數百名會員,故此工會是責無旁貸、必須介入和領導事件的。

　　實業廠該時有生產工人1300名、職員160人。1958年會德豐集團投資擴大廠房,1966年美國人投資入股後佔70%股權。膠業工會在1968年開始,多次帶領工人反抗苛例,有工人被開除時,則爭取補償遣散費(很多同類事件引致香港政府於1974年訂立遣散費條例)。如1973年公司結束鰂魚涌和黃竹坑分廠時,工會帶領工人展開鬥爭,成功爭取到:被開除的工人按年資每年補償15天遣散費,不論工齡多短,最少補償13天,廠方共付出了45萬的離職補償予工人。1974年11月,車衣(公仔衫) 裁員200人(其中工會會員40人及10名工會義工。經工會交涉後,補償遣散費每年13天(註:當年剛立法的遣散費條例規定每年工齡補償10天!)。最高峰時,廠內有工會會員700名(當時全廠有3000多人)。罷工事件發生時,因製造業工人的流動性較大,約有繳費會員300人左右。

　　罷工事件的發生,原因主要是1975年初到任的總經理杜雅瑟,為了整頓管理架構、提高生產效率、和增加利潤。他帶來了

一批高級職員駐廠、並把部份舊職員降職，也經常在工廠內監視工人生產。至有所謂"深夜捉蛇（廣東話：偷懶）"行動，捉到半夜睡覺的工人，立即開除；有兩位硬膠部的夜班工友，被指提早了20分鐘洗手收工，也立即開除。

事件的直接導火線，是9月15日深夜4時，突然來了一個外籍的維修部高管，指責硬膠部的工友擅自離開工作崗位，造成混亂後，外籍高管被指打人（工會事後了解實際未打！）。硬膠部開始有百多人罷工，並有人向其他部門的工人說：鬼佬打人！各部門的管理員則利用這事件，動員各層樓工人罷工。一時間全廠罷工起來。

但工會迅速將事件領導起來，向資方提出：1. 打人者公開道歉、2. 廠方保證以後不會有同類事件發生、3. 被除工人復工。由於廠方自知理虧，也害怕管工層職員的反應，全部答應了工會的要求。工會亦通過事件，教育工友要「有理、有利、有節」地鬥爭。但無法明言的是：雖然同樣是勞方，但高級職員的利益，和我們大多數的工人利益，有時是不一樣的！

10月初，廠方向各部門發通告，新羅列了23條廠規（過去是沒有正式廠規，1968年才有勞工法例，而且法例是簡單和零碎的！），並打算成立勞資協商委員會，指定由廠方代表做主席，後來派選票給工人選代表，但全廠只有200人投票，成立勞資協商委員會的計劃流產。

11月18日引致全廠罷工的直接起因，是廠方開除了硬膠部經理李景祥、主任周善源兩人，每人補償兩個月工資。其中李景祥在廠內工作了19年。廠方還聲言要繼續開除五個部門經理和一個廠長（也是經理級）。早上由廠長汪洪德為首（除了美籍大班，他是最高級的華人管理員）寫了請願書到總經理室，表示反對除人，但大班不予理睬。汪繼續在職員飯堂開會，發動了百多名職員簽名，要求大班到飯堂對話，也不被理睬。下午由汪洪德之弟汪洪泰（部門經理）主管的四、五樓開始叫工人罷工，接著各層在管工的指示下，也相繼停工。高層職員發動全廠工人簽名，要求美國總公司開除新大班，約有900人不明不白地簽了名，但大班杜雅瑟態度更強硬！

翌日，大班沒有返廠。20日由職員選出的30多名代表，要求與杜雅瑟談判，提出：1.廠方不得隨意調動職員、工人職位，如該職員、工人不滿，可申請辭職，當裁員論。2.廠方解僱工人及裁員第一年補26天工資，按年資每年補償15天。3.工人做滿三年可自動離職，應有遣散費。勞工處杜守康到廠，表示關心事件。廠方並沒有答應代表的要求。晚上更僱用了11個安全服務隊（打手）入廠保護廠房，但被職員趕走。21日上午勞工處杜守康勸代表撤銷第三條要求，並說這條全世界都沒有，但代表不肯。下午勞工處首席勞工事務主任徐添福到廠，知道他們無組織狀態、也沒有力量支持，在和代表語言磨擦起來後，拍檯離開，聲言放棄調解。當時大班沒有到廠，要職員容許，護衛隊入廠才能談判。由於代表堅持不讓步，局面陷入僵局！期間不斷傳聞公司會出禁制令、打手會衝入廠等，氣氛緊張，大部份工人不知如何是好，代表們也是混亂一片。

此時工會開始積極介入，逐步引導工人選出能代表工人利益的代表，依工會意見行事。22日新選任的代表到勞工處談判，從上午十時一直談到傍晚八時，勞資雙方取得協議，由工人代表之一的膠業工會副主席陳淑玲，宣佈行動結束。

# 此次罷工的特點：

1) 並非工會組織發動，起因是資方上層權力鬥爭造成的事件。矛盾的雙方主要是新派來的大班，與原來在廠內工作經年的華人廠長、經理和職員的矛盾。新大班的新管理措施，損害了原來因管理不善、原管理層很多空子可鑽的現存檯底利益。加上長期以來廠方（也是這些管理層）很多措施不合理、管理不到位、員工缺乏勞工法例保障的多方面因素，以致勞資關係是緊張和極不和諧的！高、中、低級的職員之間，也存在不少矛盾。

2) 新大班上任，令原來的高、中級職員覺得自己原來的"利益"受損，甚至飯碗可能不保，在幾個部門經理被開除後，下決心與新上任的總經理對著幹，以至發動罷工。

3) 大部份罷工的工人，根本不知什麼回事，管工叫停手便停止工

作，也不知道為什麼罷工？有些工人覺得，搞一、兩天便搞掂，好簡單的事而已！

膠業工會的負責人意識到，此事可以因勢利導、擴大工會團結基礎，在爭取大多數員工利益之餘，還可以擴大團結和將工會影響力伸延到工廠上層。當時葉錫恩、基督教工業委員會陳立僑，傳聞都想插手，如果工會不積極跟進，搞罷工的高級職員，一旦與其他目的的人合流，局面更趨複雜，工友的合理權益，更加不保！

工會分析了事件的性質，主要是少數高級職員利用工人罷工，想迫走剛上任的美國人總經理杜雅瑟，是高層之間的權力鬥爭。工會把情況跟新選出來的代表講清楚：要支持符合工人利益的主張。在資方已答應了部份要求的情況下，提出"在有條件下，先開工、後談判"。在談判不順利的情況下，越來越多的工友到工會尋求意見！工廠原高層亦心急想解決問題，通過各方面關係、與工會有聯繫的人，與工會進行溝通。當時，資方亦同時耍出各種手段，例如找人扮代表工人，與資方"達成協議"，叫工友恢復工作。但都被工會識破，並對這些人嚴加指責！

在工會作出要求重開談判(重新選出談判代表工人12名、職員6人)、公司高層極想解決問題(同意撤離"保安隊")、警方派出三粒花的警司帶隊保護職員代表。職員們開始信賴工會，經常來電話徵詢工會的看法。

工會在深夜開會後，部署的策略是：在未到約定公司談判的時間之前，先到達勞工處談判地點；爭取掌握談判主導權：增加工人代表，客觀上形成工人代表佔三分之二的多數；其中主要的談判代表六人中，工人代表佔四人、職員代表佔二人。一來避免代表人數過多意見難統一，二來以基層員工代表較多，來避免高級職員以自己的利益來左右大局。這樣做才可以使工會的指導意見，在談判中得以落實。至22日(星期六)傍晚，由工會在廠內工作的副主席陳淑玲宣佈：勞資雙方取得協議、事件解決、全面恢復工作！

# 具體協議內容：

1. 廠方不會無理借故調動員工的工作崗位，除非有充分理由。

　　但被調動的員工有選擇權，如認為不合本身工作條件，可以拒絕，而作為裁員條件補償。

2. 凡被廠內裁員者，廠方必須根據以下條款執行——甲.只有工作試用期滿者始可接受本項規定之補償，乙.每一年服務期可享有15天以底薪計算的補償，服務不滿一年者，按比例計算，照此類推，另應有照比例計算的年獎，及依各個別僱傭合約所訂定之通知期或代替通知金（按：已有10人不滿調職照此協議計算補償後離職）。

3. 參加此次行動的員工，停工期間工資照發；彼等並不會純粹因曾參與此次行動而遭開除。

4. 經過此次事件後，廠方在任何情形下，希望不再有同樣事故發生，但廠方歡迎各部門派出不超過5人之代表與廠方商討及談論一切事項，但不能干擾到廠方之日常工作。

5. 廠方願意擴展人事部，以便日後能夠以迅速及平等之方法處理投訴事項。

6. 員工方面如果有任何抵觸以上諸項，以上各點措施便宣佈無效。

1. 資方在此次罷工事件中，損失了50多萬，這是資方急於解決事件的原因；

2. 工會方面，由其他各廠區抽調了40多名理幹事在外圍協助處理此事件。除了處理此個案外，工會亦同時處理了很多其他的勞資糾紛個案。
   翌年的統計，工會的會員超過一萬人，是膠業工會歷史上的最高峰！

3. 工人方面，除上開六點直接得益外，客觀上也促使了港英政府不斷修訂和完善在1968年才訂立的僱傭條例。尤其是在遣散費和年終酬金的兩條條款方面，全港工人已經通過工聯會屬下的工會，團結爭取而得益，取得了高於當時法例規定（遣散費條例規定每一年工齡10天）的權益，實際上迫使政府必須作出改善法例，以回應工人的訴求！

4. 事件最初是資方最高級的管理層，進行權力鬥爭的原因，以及利用工人罷工作為與新來的美國人大班鬥爭的武器。千多人罷工後，工人是處於無組織、無領導、無方向的"三無"狀態。膠業工會由於在廠內經營多年，是有一定的會員基礎力量，工會負責人因勢利導，代表工人進行周旋於勞（大多數工人最初不知發生何事？）、資（幾個不同的利益群）、官（勞工處希望解決問題）之間。最終解決了1967年反英抗暴事件後，罕有的大型罷工事件。

5. 尤其是，影響更深遠的是，培訓了工會理幹事和核心義工。工會主席和書記在開始處理個案時，發出了指示：所有人（即理幹事和義工）收工後，到現場觀摩學習（廣東話：學嘢）！斯時，筆者剛參加了工會三年多，白天返工，收工後往西環現場跑，在外圍團團轉。對事件發生的內情、過程，與很多廠內工人一樣──不甚了了！但在觀摩的過程中，我是有所感悟的。這些收穫，讀多少年大學、在研究所研究多少年，也是未必有的收穫。對筆者在往後的廿多年中，對處理勞資糾紛的個案時，如何對事態發展作出判斷、從而採取有效的方式方法去應對，裨益甚大。

6. 工會的團結力量有所壯大、工人利益得到保障，所以，這次罷工是成功的。

1975年，香港實業有限公司以兩個月工資為補償，開除工齡19年的員工，引起全廠1,400多名工友鼓譟，並罷工抗議。在膠業工會協助下，勞資雙方達成協議，令工友獲得補償。圖為全廠工友在聽取工會代表報告談判結果。

# 07

# 中華巴士公司員工
# 罷工個案（1989年）

## 勞資糾纏12載　退休制度稍改善

　　在中巴公司任職的員工，長期以來最不滿的，是工資很低和退休金非常微薄！所以工會每年都會代表員工提出加薪，和改善退休金制度的要求。除了經濟危機的年份外，工會每年都會代表員工去爭取！

　　所以，反而令中巴老闆顏成坤、政府運輸司許仕仁等官商中人，通過時任勞工界立法局議員的譚耀宗，對工會說：你們"應該得些好處須回手呀"！但得到了什麼好處？可能所指的是，1989年8月22日，勞資雙方達成了該年的加薪協議。即日薪司機每日底薪加6元、津貼加7.2元、增加後的安全金為4.5元，由7月開始計算。至於中巴分會提出的改善退休金、年尾雙糧、酬勞金等要求，資方仍然沒有答覆。所以員工們仍感覺得不到多少改善！

　　工會見到中巴員工的待遇，仍然處於極不合理的狀況，只有繼續不斷爭取。雖然曾試過在中巴的四間車廠，張掛橫額抗議等動作以提出訴求。但中巴公司老闆顏成坤仍然非常頑固、不為所動。例如工會要求，將所有車長各項收入，全部計算作為工資總額，用來作為退休時退休金的計算基礎。但在很長時間裡，作為中巴總監的顏成坤，就是拒絕、不答應！

　　工會代表全體中巴員工，由1977至1989年期間，為改善工資待遇和退休金，足足爭取了12年之久。

　　如前所述，一直以來，中巴員工向資方提出的要求共有三

項：

1. 年尾雙薪應連同特津計算；
2. 年終酬勞金由0.5加至0.7；
3. 退休金計算法，應以退休時的底薪加膳津及特津的總額，乘以33天乘以年資。

　　1989年11月6日，中巴勞資雙方，又再就員工的薪酬、津貼及改善退休金等問題，舉行會議。會議後，中巴分會理事湯超然向員工匯報談判內容時說：資方要求工會，先答應取消年尾雙糧加特津的要求，以及接受年終酬勞金由0.5加至0.65後，才可以進一步商討退休金事宜！及後中巴分會召開理事會，表明對資方的答覆非常不滿意，聲言不排除會採取一系列工業行動！

　　具體來說，資方在會議中，首先否決第1項——以雙薪加特津來計算年尾雙糧；對第2項要求只肯加至0.65，而非員工要求的0.7；至於第3項改善退休金的要求，則要員工答應了1及2項之後，才會進行商討！

　　由於中巴此年度的勞資談判，已經持續了兩個多月，資方一直以拖延的手法與工會談，充分顯示出其缺乏最基本誠意的態度。中巴分會至此並不諱言，如果到本月中勞資雙方仍未能達成協議的話，工會將會採取工業行動。行動將會分為三個階段性步驟：

1. 首先在巴士車身張貼抗議標語；
2. 在某個星期日的上午，罷駛兩小時；
3. 行動升級至在繁忙時間的長時間罷工。

　　在此期間，工會對員工的問卷調查亦顯示，有逾九成的員工，表示會參加工會發起的工業行動。因為資方的拖延、反覆、缺乏談判誠意的表現，令員工們越來越感到不耐煩和不滿！

　　資方在11月13日又拋出令員工無法接受的所謂“新方案”！11月14日，中巴員工在廠內張掛巨型橫額、貼標語，以示抗議。並聲言將會進行罷駛。運輸署則會採取的應變措施，是屆時會開放南區小巴禁區、地鐵與九巴隧巴將加班。事件在運輸署的斡旋下，事件似有轉機，工會宣佈押後行動。

　　1989年11月16日，勞資雙方再度談判，雖然資方蓄意拖延

答覆，但由於運輸署長蕭炯柱的積極介入，令事件好像有些轉機。他當時向工會提出了四點承諾：1. 取消中巴公司在11月13日提出的退休方案；2. 退休年齡為55-65歲，員工可自由選擇退休日期；3. 新退休方案對工友會有實際得益；4. 15天內會與公司進行實質討論。

工會則要求運輸署長透過其官方董事職位發揮影響力，解決勞資雙方就改善退休金的糾紛。工會在召開理事會後，為表示誠意，宣佈押後原定兩天後舉行的工業行動。

1989年11月28日，汽車交通運輸業總工會香港巴士分會在談判的前一晚再召開理、監事會議，明確工會的立場、通過了拒絕接受上周中巴資方提出並沒有多少改善的"新方案"，主要理由是：增幅輕微、受惠員工極少。中巴分會理監事會再次一致通過，堅持工會原先的要求，並聲言將會視乎與資方的翌日談判結果，不排除會採取工業行動！果然，資方在原定下午四時在中巴北角車廠的談判時間，先令工會代表，在呆等了兩小時後才舉行。期間在會議室外聚集聲援工會談判代表的員工有數百人，而且人數越來越多！

中巴董事局主席顏成坤等數名公司高層出席，中巴分會代表有岑海生、湯超然、鄧偉昌等五人。會上顏成坤堅持公司上周提出的新方案之後，寸步不讓。談判持續了三個小時後，終告破裂！會後，中巴員工群情激憤、表示對資方的做法忍無可忍。員工代表決定，馬上在中巴北角禮堂舉行員工大會，逗留在北角車廠內的員工，遂徒步至中巴禮堂開會。

會議決定：11月29日凌晨四時開始罷工，首班車在上午十時後才開出，港島70多條巴士線全部停駛、1400多名中巴司機，將會執行工會有關工業行動的決定。工會代表鄧偉昌表示，假如是次工業行動未能達至理想的結果，工會不排除再發動一次規模更大、罷工時間更長的行動，屆時港島區的巴士服務有可能整日都陷於癱瘓狀態。工會為壯大聲勢，發動工友在中巴屬下的四間廠房，即時懸掛大型橫額以示抗議。

當日的經濟日報「線眼」專欄上，作者史進寫了一篇標題為「能不感同身受乎」的文章說：「佢哋(指中巴公司)之現行退

休金安排，竟然可以由1947年沿用至家下之1989年，數十年不變，卻無法不令人感到無限悲哀矣」。

同日，中巴董事局在下午二時半於北角車廠召開員工退休金問題的會議。運輸署長蕭炯柱及副運輸司黎蕭寶珍，亦以官方委任的董事身份出席會議。會後，中巴副監理顏傑強表示，政府方面相當關注中巴的勞資糾紛，並希望能盡快解決。他進一步表示，中巴的管理層是有"誠意"與員工重新商討，並聲言正在草擬一份「較為接近員工要求」的新退休金方案。他個人覺得，兩位政府官員對中巴所提出的新方案，均認為可行。

中巴員工於下午五時，在北角琴行街車廠，舉行員工大會至七時許結束，大會通過決定將行動升級。隨後於晚上八時，中巴分會召開理事擴大會議，而有關討論結果，將會以通告形式，在星期五早上告知工友。分會代表岑海生表示，將行動升級是迫於無奈，希望市民能夠體諒！11月29日罷工當日的傍晚，數百名員工再召開大會，決定翌日(30日) 的開車時間，延遲至上午11時、並提早在晚上九時收車。一致通過把工業行動進一步升級。總之，資方多年來的態度反覆、言而無信、缺乏誠意、胡亂放話的做法，令員工非常反感，這才是工潮惡化的主要原因！

29日十時前的罷工，已經令到港島、特別是南區(因為沒有地鐵線)，交通大混亂。罷駛期間沒有隧道巴士往九龍，所以也對九龍區造成若干影響。政府車輛管理處特別派出九輛卡車，分別為七輛可載24人及兩輛可載40人的大小卡車，在香港仔免費接載市民往灣仔，但猶如杯水車薪，無濟於事。有些居民在六時前已在候車，至八時許人龍已達數百人。有些小巴司機則趁機發財，每位收費高達15-20元；一些的士則以咪表計算再加收20元；「釣泥蜢」的士往灣仔區每位收11元；有些居民索性從鴨脷洲步行往香港仔想辦法搭車。運輸署宣佈會安排約50部非專利巴士行走：鴨脷洲至灣仔愛群道、置富經香港仔隧道至愛群道、置富經薄扶林道至中環、柏道至金鐘等，以上小巴一律收5元。多條專線小巴改道。警方曾嚴詞警告一些利用中巴員工罷工事件做出拒載、濫收車資、「釣泥蜢」等的士司機違法行為，將會被嚴厲對付。

　　但是，教育署宣佈了29號上午停課後，又宣佈30號照常上課，公開解釋的理由是，基於中巴員工的工業行動未有跡象會在短期內解決，而學生是不能長期不上課的。

　　中巴資方面對員工罷駛數小時，造成交通大混亂的局面後，受到了來自各方面的極大壓力。上、下午都在不停開會。中巴董事局當日上午召開會議時，邀請了兩位政府委任的當然董事，即運輸署長蕭炯柱和首席助理運輸司黎蕭寶珍出席。但兩人開會兩小時後，神色凝重地離開了。董事局在同日下午再開會至四時半，會後顏成坤拒絕透露會議的結果。但在晚上，中巴副監理顏傑強在離開公司時，又主動向記者透露，目前董事局正諮詢會計師的意見，考慮一個"比較接近"員工要求的方案。但他強調由於新方案涉及的金額相當龐大，迄今仍未定案，相信要一、兩天時間才能完成，但跟著又說，最快可能會在今日定案。總而言之，資方多年來的態度反反覆覆、經常言而無信、缺乏誠意的做法，長期令員工非常不滿。這是造成今日員工怒火沖天的主要原因！

　　工會最為堅持的要求，就是按員工在退休時，最後工資的總收入，作為計算退休金的基數！11月29日在上午罷工之後，談判在下午三時才在公司內開始，一直談到深夜。

　　但顏成坤在談判中一直態度強硬！罷工當日的傍晚，數百名員工再召開大會，決定翌日（30日）的開車時間，延遲至上午11時、並提早在晚上九時收車。一致通過把工業行動進一步升級。

　　11月29日晚，**汽車交通運輸業總工會港巴分會發表「告全港市民書」**：

　　**「本會是汽車交通運輸業總工會港巴分會，是中華巴士公司員工之工會。本會自1977年接受全體中巴員工之委託，向公司提出改善員工退休金要求，公司亦數次答應予以改善，但一年拖一年，至今已逾12載，實屬港史罕見。**

　　**在1986年3月中巴車房工潮時，公司高層代表曾親口答應，並在勞工處保證下，當年9月進行商討，遂使工潮事件暫告解決，但時至今日，尚未有實質進行，工友深表不滿。**

　　**環顧港九同屬公共交通行業當中，車隊之小，有如電車，只得162架，工齡30年退休，還可得15萬元左右；比中巴大三倍**

人的九巴，早已在4年前改善，九巴30年退休，也可得12萬元左右。而我們的公司，只得2萬餘元，相距何只倍數呢！而我們的公司，擁有上千部的雙層巴士車隊，和相當驕人的地產！就以本年年報，也列出退休準備金4000多萬元，卻稱不能改善員工的退休金，請問老闆如何自圓其説！

我們由9月重提至今，又拖了3個多月，四次談判，只得兩個字："拖"和"耍"手段；第一次稱無能力；第二次避重就輕，不談退休金，只答應增加年終酬金，並需以此作先決條件；第三次卻耍出一張未能兑現的答覆，還要明年中才實施；第四次談判，把方案弄成把戲式，卻説成三倍，實際絕大多數員工一點得益也沒有？！

資方在第五次談判前，卻擺出陷阱，拖延談判時間，加劇工友不滿情緒，未開會已準備「談判破裂」的新聞稿，未散會已先把新聞稿送出，還企圖把責任轉嫁工人身上。

這樣使原已極端不滿的情緒，更有如火上加油，頓使工業行動提早爆發！使一個多月來運輸署和勞工處的斡旋全告落空，工友多月來的克制，終於忍無可忍矣。

我們這次要求，是為了替老年工友請命，同時也為自己的晚年多一點生活費，而不獲公司接納，就是這樣被迫採取行動，對市民交通帶給大家不便之處，希為原諒和給予同情，並請認清這是中巴公司所逼出來的。

在過往幾個月中，我們的要求，得到各位市民大眾的同情和諒解，我們僅代表全體工友，致以衷心感謝！

1989年11月29日」

（註：筆者翻查當日所有報章，似乎只有文匯報全文刊登此告市民書）

由於工會宣佈翌日的開工時間是朝十一晚九，其他時間罷工。

11月30日本港各大報章的報導——

天天日報：中巴工業行動再升級　　延遲出車復提早收車

運輸司梁文建宣佈採應變措施

非專利巴士投入服務　政府車輛免費載乘客

快　　報：工潮不容再拖　譚耀宗：應改善不合理制度
　　　　　譚惠珠：資方宜聽勞方意見
文　匯　報：七十線路停開　中巴司機罷四句鐘
　　　　　港島南區交通大混亂
　　　　　運輸署新措施應付罷駛　五十部非專利巴士
　　　　　今晨駛入南區載客
成　　報：四廠巴士全部響應罷駛　員工情緒平靜秩序良好
　　　　　地鐵電車加班疏導有效
快　　報：南區區議員諒解中巴職工　譴責巴士公司服務欠水準
星島日報：中巴工潮惡化延長罷駛提早收工
　　　　　工潮難速決學校照上課　港督必要時委仲裁委會
　　　　　50部非專利巴士今走南區
　　　　　中巴罷駛港南區居民叫苦
東方日報：港島區「血栓塞」四小時　中巴今次事件　22年來首次
　　　由於員工的情緒，被資方的強硬態度激化而不斷高漲。所以
罷工開始當日的傍晚，已經在醞釀翌日進一步的行動。工會議決
30號當日：上午11時前、晚上9時後罷工。這樣就形成了對資方
的更大壓力，也使得政府不得不直接介入了！

　　　首席助理教育統籌司黃永康表示，現階段港府無意引用法例
賦予的權力，頒布「冷靜期」的命令。但會按照勞資關係法例的
規定，委任首席勞工事務主任楊智堅為今次中巴勞資糾紛的特派
調解員。

　　　根據勞資關係法規定，港督會同行政局有權就「罷工」等工
業行動頒令「冷靜期」，有效期內繼續進行工業行動者，可構成
藐視法庭罪行。此法案是1975年8月頒布的，授權港府干預勞資
糾紛，以盡量減少社會衝突及經濟損害為目的而提供法律程序，
惟法例無權強迫勞資雙方和解。

　　　法例規定處理勞資糾紛的步驟：當普通調解未能收效時，勞
工處處長可授權特派調解員繼續調解；若特派調解員調解不能成
功，處長會向港督會同行政局提交該宗勞資糾紛的報告，港督會
同行政局可將該宗勞資糾紛交付仲裁委員會或研訊委員會處理

(成員要得勞資雙方同意），或採取其認為適當的行動。

法例的另一步驟則規定，在勞資糾紛發生期間，若罷工、閉廠或其他不規則工業行動已開始或可能進行，而事件性質之嚴重或規模之大，可能中斷貨物或服務之供應，因而嚴重損害香港經濟、嚴重危及公安等，則港督會同行政局有權頒發「冷靜期」命令，該命令有效期不得超過30日，有需要可延展至最高60日。當時任勞工處處長的，是香港最後一位英籍處長夏文德。

時任香港教育及人力統籌司楊啟彥表示：若特派調解員不能成功地調解中華巴士公司之勞資糾紛，根據法例，將成立調查委員會來仲裁此事。

老謀深算的中巴老闆顏成坤，腦袋中其實另有盤算，就是乘機要求政府先同意中華巴士公司增加票價，才會答應員工的部份要求。工會的六名代表鄧偉昌、岑海生、湯超然、黎祝杭、朱漢華、鄧紹棠等人，在30日下午1時15分已到達公司。但資方代表在三時許才現身抵達會場，開始正式談判。經過三小時商討，談判會議在六時許才結束。資方在員工威脅會進一步行動、政府高層的高度關注、港島市民經歷交通大混亂而怨聲載道等多重壓力下，才被迫答應工會改善退休金計算方法的要求。

中巴公司提出的新退休方案包括3點：

1) 計算方法是以退休時的底薪加特別津貼，乘以20-30天，再乘以工齡；
2) 工齡由1946年起計；
3) 其他細節，下星期四前再談。

工會代表鄧偉昌表示，計算方法中的天數將在20-30天的範圍內因工齡長而增加、工齡越長、天數越多。按此計算，30年工齡的工友可獲9萬多元的退休金，比起舊制的2萬多元，增加了三倍。鄧偉昌進一步指出，新方案未有確定退休年齡，而勞方希望爭取10年工齡以上即可享用此方案。此外，勞方還將繼續就酬勞金、年終酬金等問題與資方商討。

參與談判的中巴分會談判代表於會後立即返回汽車交通運輸業總工會港巴分會會址，即時召開理幹事會議。晚上8時，工會代表會見記者，宣佈工會大致接受資方建議的決定。

不過，工會原先決定了的，30號晚全部員工在晚上9時提早收車的行動，因為工會"來不及"通知車長而維持罷駛的做法。這樣做，相信是有兩個原因致之：一是保持對資方的壓力、二是因市民早獲通知而多已提早回家，因而影響市民不大。

在整個談判的過程中，工會在不斷徵求中巴員工的意見，故此還進一步爭取到，所有員工退休後，會獲得一張終身免費的乘車證。此時，在全公司2200員工中，汽車工會中巴分會會員人數達到1900多人，佔全體員工的百分之七十七以上，會員密度高、工會代表性大，是任何工業行動必須具備的客觀條件。

中巴分會由1968年開始，不斷重整工會的基層組織力量，通過每年爭取增加工資和改善退休金而得以不斷發展！

11月30日的第6次談判，由於資方被迫作出讓步，算是取得了極大的進展，工會決定取消第三天進行罷駛的決定，恢復正常的巴士行走班次，但原定於晚間罷駛行動則繼續。根據新方案，員工的退休金由1946年起計算，計算公式是：退休時的底薪加特別津貼乘以20-30天乘工齡。舉例說，按照公司1947年的舊方案，只可拿取二萬餘元的退休金；但若按照剛達成協議的新方案計算，將可獲九萬多元退休金；而年資越長，便較以舊方案計算所得倍增更大 。

至於其他細節問題，如雙薪津及特津等，勞資雙方將於一星期後再開會商討。此外，勞方亦會建議退休年齡毋須達至45歲。中巴分會常務委員湯超然對記者表示，工會與資方的三小時談判，雙方均有讓步，但資方的讓步較大。

由於中巴員工取消12月1日上午的罷駛行動，副運輸司彭孝忠宣佈，運輸署將取消所有的交通特別措施。他又提醒小巴司機，將恢復港島南區禁區的規定。南區區議會及南區工業聯會，也宣佈取消派出車輛行走南區各分區接載居民的服務。

報載，助理運輸署長梅堅在家中獲悉中巴工潮得到解決後對東方日報記者表示，他終於可以舒一口大氣了！梅堅的心聲相信足以代表參加今次應變部署、奮戰兩日兩夜的運輸署諸高官們的感受。原來本周二晚中巴員工突然宣佈採取工業行動之後，在灣仔金鐘道政府合署內的運輸署總部便緊急成立了一個「中央控

制室」，由每日凌晨四時開始運作，負責收集各方面的情勢，調動可以動員的資源，即時作出應變決定。據悉，本周二的頭一個晚上，運輸署長蕭炯柱就一直通宵坐鎮，部署翌日的應變方法。「中央控制室」於周三凌晨四時派出多位運輸主任，前往港島一些主要地區巡視，以及即時透過無線電話，匯報人龍及車龍的最新變化，以便調動資源，疏導乘客。據說，到了昨晨四時，另一位助理運輸署長陳阮德徽便接管了控制室的指揮工作，因應情況調動車輛。其中一個例子發生於昨晨，當華富邨的人龍增加時，中央控制室便馬上把置富方面的巴士，調往華富疏導人龍。副署長彭孝忠表示，原定運輸署希望可以臨時抽調的汽車，可以增加至200輛以上。據說，運輸署已與小輪公司談妥，若中巴工潮持續，小輪公司將會由周五清晨起，派出小輪行走鴨脷洲至中環，以及調動更多政府車輛應付人潮。但昨晚中巴員工的復工決定，令這些安排，即時變成無用武之地。

12月1日各大報章的報導——

快報：資方最大努力下作出讓步　中巴司機取消工業行動

成報：接納資方新方案　中巴員工今復工

　　　退休金問題解決員工表高興

明報：中巴今取消罷駛　接納資方提出新退休金方案

　　　工作滿30年可得9.2萬

行政及立法兩局交通事務小組，聽取了運輸署及勞工處官員就中巴事件提交的報告。主席譚惠珠會後表示，把這次事件劃定為勞資糾紛，一切問題將會根據勞工法例解決，而不涉及交通及專利權事宜。但勞工法例內根本沒有退休金的法例，從工會的角度和立場出發，憑工人的團結和實力，才是解決之道！

事件算是暫時得以緩和之際，社會上一些工會、勞工團體、非政府組織、教會漸漸才越來越多地表示對員工(很多報導都避談，發起行動的是工聯會屬會汽車交通運輸業總工會中巴分會！)的同情和支持。包括匯點、勞資關係協進會、九巴員工協會、葵青14位區議員、公務員工會聯合會、香港僱員工會聯合會、教育署職員協會聯合會、香港華人革新協會、香港社會工作者總工會、香港婦女勞工協會、循道興華勞工教育中心、街坊工友服

務處。右派的港九工團聯合總會也發表聲明支持中巴員工。後來理工學院學生會又成立關注小組,和舉行論壇。表示關注和搞些小行動。

據中巴高層職員透露,該公司在員工首天的罷駛行動中,營業額比日常降低了百分之35-40,約損失60萬元。同時,估計該公司在員工第二天的罷駛行動,損失將更大。

中巴監理顏潔玲表示,資方已盡最大努力,解決今次罷駛事件,可說是對得起市民。在中巴員工方面,他們對於這糾纏了12年的退休金問題終於得到解決,表示高興。職工談判代表之一,中巴分會主任岑海生表示,他與其他代表一直爭取改善退休金制度,但資方一直以財政困難為理由而拖延。他在中巴服務了20年,今次這問題得到解決,職工退休時將得到更大保障,他表示高興。

1990年1月12日,勞資雙方就退休金的細節再進行談判,談判由晚上六時半開始,此時已是罷駛後的一個半月了。工會代表的忍耐換來了資方重施故技的拖延。勞方聲言今次是"最後一次會議"!談判的分歧,在於工會堅持工作滿十年即可獲退休金,而資方則恐怕中年及青年員工流失,而希望將退休年齡定在45歲。雙方就此爭持不下,導致談判僵持。中巴董事長顏成坤更於約十時半離場!工會代表甚至指出,顏成坤根本沒有與工會代表面對面談,而是分處兩間房內,由特派調解員楊智堅在中間傳遞消息。聞說他是與顏傑強外出消夜,至一時半仍未見返回公司!顏傑強在凌晨二時十五分才返回公司。

到晚上11時,運輸署長簫炯柱和首席助理運輸主任李樹榮先後匆忙趕往中巴北角車廠作調停,一輪談判後,資方同意勞方的建議,設立一年的緩衝期,即新制度實施一年內,申請退休金之員工必須滿十年工齡及年屆45歲。在一年的緩衝期後,則只需工作滿十年,即可享有新退休金制度,技工的年資亦計算在內,惟須扣除上課受訓的日子。但雙方繼續爭論實施日期,資方表示要三至四個月時間,待精算師的報告始可施行。

1990年1月13日的新晚報:運輸署長及勞工處調解員協助中巴勞資通宵談判　今日凌晨終達協議　一年緩衝期　退休金最

高九萬餘。

　　1990年1月14日的成報：中巴勞資談判一度陷僵局　運輸署長出馬調停　互相讓步達成協議。

　　東方日報、大公報、明報、文匯報、天天日報、新報，均有類似報導。

　　後來當選分會主任的湯超然，以自己在中巴工作了31年，如果不是工會堅韌不拔地長期為二千多名員工爭取，他的退休金也不會由數萬元，增加數倍之多。

　　當然，中巴分會在務力爭取的同時，不得不提，公司內還有另一間工會——親台的右派工會「中華巴士公司職工會」，在數十年的爭取中巴員工權益福利時，他們都是"長伴在左右的"。

# 傳媒對事件的分析：

　　快報「特稿」專欄 的標題：——「中巴工潮　孰令致之？」從政府監管中巴退休金撥備的角度，也堪咀嚼。翻閱中巴過去四年的年報，卻發覺中巴現時的員工退休準備金，在今年的六月底僅有4500萬元，以中巴目前有3000多至4000名(工會說全公司只有約2200人)員工計，如果根據勞方要求，所須撥出向退休準備金應達3億3000萬元，差額2億8500萬元，較其帳面資產淨值的2億6700萬元還要高，遠非中巴現時財力所能負擔，同時亦可能促使中巴大幅增加車費！文章結尾的分析：無疑，中巴當前的勞資糾紛，港府一直否認有任何責任，但以兩巴目前的盈利管制法則，盈利水平與其固定資產值掛鈎，為免兩巴會在提撥員工退休準備金後，令兩巴的盈利大減，港府一直未有作出應變措施——例如從發展基金中撥出款項支付，而鼓勵兩巴採取實報實銷的政策，現時中巴發生勞資糾紛的問題後，如中巴須撥出大筆的退休金準備，極可能須大幅提高資本，才能達到其精準盈利水平。在這個前題下，亦等如由一般升斗市民承擔中巴與港府過去多年疏忽的後果！

（註：快報 1989年11月30日）

　　經濟日報「動向」吳爾文一篇標題為：「蕭炯柱談笑用兵」

「中巴勞資糾紛昨晚暫告平息，員工表示願意考慮資方提出的新方案，暫時取消了持續兩朝繁忙時間及昨晚的罷工行動。不過，這次工潮的最後結果如何，還有待勞資雙方的進一步磋商。現時人們開始擔心的是，中巴的新退休金方案，會否導致中巴的財政困難，甚至引起大幅度的加價，而港府以後對中巴的管理問題，又將採取什麼措施加以改善。

中巴工潮能獲得迅速平息，除了勞資雙方的努力和勞工處的調停之外，還有一個重要因素，就是運輸署長蕭炯柱的直接介入。事實上，這次工潮在開始呈現惡化情況時，勞資雙方並沒有進行過正式的談判會議。後來在蕭炯柱的請求下，工會代表才同意與資方進行接觸（因為經過十年的經歷，勞方知道與資方談判是不會有結果的！），蕭炯柱為了證明自己的誠意，曾與工人（政府官員公開習慣刻意避用工會兩字？）代表深夜展開馬拉松會議，說服工人代表與資方談判。

後來勞資雙方談判破裂（這是工會早已料到的結果！），工人宣佈罷駛之後，蕭炯柱馬上與其他政府部門緊急開會，制訂了一套應變措施。接著他又與中巴資方再次磋商，並且在言行之間，表達港府對中巴管理層的不滿。由於蕭炯柱在出任運輸署長之後，已成中巴董事局的兩位官方成員之一，擁有一定的發言權，再加上他在應變措施中的大膽創新，終於令中巴董事局了解到問題的嚴重性，接納了制訂新退休金方案的建議。此外，港府首次引用勞資關係條例，委任了首席勞工事務主任楊智堅為特派仲裁員（原文），更顯出港府對這次事件的重視，中巴資方已不能不讓步。」（註：經濟日報1989年12月1日港聞（社會）版）

文匯報「特稿」——

「中巴員工一連兩日的工業行動為何出現，仍是人們不斷探問，而亦值得深究的問題。從12年的爭取，到近三個月的五度談判，中巴員工在要求改善退休金的漫長路途上憤懣日烈，再被資方的一場數字遊戲要了一番，火山終於爆發，工業行動遂逐步升級。

被中巴員工怒指為混淆視聽的資方，和第二新退休方案到底是怎樣計算的呢？首先，它有兩個前題：第一，新方案要在明年

7月1日開始實施，新方案實施前的工齡，仍按舊制計算退休金；第二，新方案規定退休年齡在55-65歲之間，任由員工選擇任何一年退休，但工齡必須滿十年，年屆55歲以上方能領取。

其次，新方案的「竅妙」之處，乃在於引入了一個令人看得頭昏腦脹的「權益因子」。公司稱，這個「權益因子」，是以特定天數方式計算，而每年可享有之天數則由28天-416天不等。至於「權益因子」的界定，則是以年齡為據而非以年資為據。不同年齡享有不同的「權益因子」，年齡越高，「權益因子」越大，按照年齡而變化的「權益因子」，列出來是一大串，其中最誘人的是：55歲的「權益因子」為66天；60歲的「權益因子」是105天；65歲的「權益因子」是416天。

新方案的退休金計算方法，是將員工退休時的底薪加特津乘以「權益因子」。新方案實施前已經在職的員工，以1990年7月1日的年齡為界，之前的退休金按舊方案計算，之後的「權益因子」則以當年的年齡所能享受的「因子」起步積累。退休時前後兩段時期不同方案下各自計算出來的退休金相加，就是員工實際可得的退休金總額了。

於是，資方宣稱，新方案可以將員工的退休金增加至三倍。而且新方案以退休時的每日底薪加特津為計算基礎，較之現行制度只是以底薪為積累基數已是極大進步。資方甚至說，如果在新方案實施後才到職的員工，當他工作至65歲時，退休金可高達100多萬！

資方公佈了這個"新方案"後，工會和員工們花了不少精神去認真地計算了一通。結果卻發現，對現時大部份在職及已屆中年的職工來說，這個方案並不比舊方案好了多少！以現年54歲職工為例，如果選擇在1991年(兩年後)退休，只是比之前多了6700元；現年60歲的員工，於兩年後退休亦只可以多得10,700元；65歲的則可以多得42,000元。而另一方面，儘管65歲可獲得400多天的「因子」，但誰有把握能幹到65歲呢？按照規定，60歲以上的司機，須年年驗身，即使你願意幹到65歲，而驗身這一關隨時可以把你卡下來！換而言之，「416天」的「權益因子」，能享者鮮矣！

　　有鑑於此，中巴員工再次堅持他們原來的方案，即以退休時的底薪加膳津加特津，乘以33天再乘工齡。按這一方案計算，30年工齡的員工，退休時將可獲得11萬多元。

　　中巴工會指出，他們目前的要求，僅是希望與九巴的退休待遇看齊。那麼，九巴的退休制度又是怎樣的呢？

　　汽車交通運輸業總工會九龍巴士分會發言人表示，1983年以前，九巴的退休金制度和中巴一樣，是以每年若干日的底薪累積，直到退休之年。後經職工爭取改善，資方同意在1983年開始實行新制，直到現在。

　　九巴的退休年齡，一般為60歲，但按九巴日薪職工退休金計劃的信託契據及規則，成員若服務年數滿十年（包括無薪假期在內）而非遭公司立即開除者，或成員在職死亡，或因健康理由退休，於離職時均可享有退休金。

　　按規定，退休職工服務達十年的，每年可得20個工作日（稱為權益因子）的最終基本薪酬，十年即有200個工作日的基本薪酬。服務年資越長，權益因子越大，如年資達30年者，每年則有30個工作日的基本薪酬，30年即有900個工作日的基本薪酬。而所謂最終基本薪酬，是指員工退休時過去12個月的平均每日底薪和平均每日基本總津貼的相加數。

　　以司機一職來說，服務年資達30年的，可得接近12萬元的退休金，較中巴相同年資的高出數倍」（註：文匯報1989年12月1日「特稿」欄）

　　12月6日，中巴勞資雙方就新退休金方案的細則進行商議，確定了「權益因子」的計算方法。其他如退休年齡、酬勞金及年尾雙津等問題，則另訂日期再討論。會上，勞資雙方確定了「權益因子」的計算方法：年資達十年的員工每年可得20天，以後每年增加半天；20年工齡的每年有25天，30年或以上的每年30天。工會提出工作滿十年的即可退休、不限年齡，但資方則要求員工年齡達55歲及工齡達10年方可領取。雙方就此事未有進展，需要另訂日期，連同酬勞金、年尾雙津等問題再行商議。工會亦提出將技工學徒納入新方案的受惠對象，公司答允考慮。

# 後記

汽車交通運輸業總工會(前稱摩托車業職工總會、簡稱摩總)中巴(港巴)分會簡史:

摩總中華巴士員工分會,不少的會員因1967年反英抗暴事件時,響應全港各行各業工人大罷工,之後,大部份工會骨幹被迫離職,從而令工會力量在中巴公司內,處於微弱狀態。及後,摩總工會重整中巴分會力量,通過不斷爭取員工權益而重新發展會務。1968年前後,湯超然、鄧偉昌、岑海生、鄧兆棠等人入職中巴,在歷年的維權工作實踐中,逐漸成為工會的主要骨幹力量。

其間,湯超然在1970年,中巴分會改選後任分會主任,另有一位原是喉管工友的會員入職任車長,該屆七個人當選分會理事的,是四位司機、兩位售票員、一位車房維修工人,分會理事會在公司內的代表性比較廣泛,及後車房員工鄧紹棠在第三次改選中也擔任了分會理事。

# 中巴勞資糾紛解決後的社會影響

與此同時,在九龍巴士公司內,三間工會中會員最少的「九巴員工協會」(下稱協會),也乘勢向資方提出要求公司修改退休金及年尾雙糧制度。但另一間會員稍多的工團「九巴職工會」(下稱職工會)則公開地表示不贊成該協會的要求,甚至聲言不排除該協會提出要求的出發點,是為了提高協會本身的聲譽及知名度。九巴職工會理事長吳文矩更認為該工會"無必要"與協會接觸,因協會與公司接觸,並沒有知會職工會。

而九巴資方表示協會的要求過高和不合理而加以拒絕。(註:1989年12月7日商報報導)

與此同時,消防署職工總會也與港府開會,要求把工作時間,與其他紀律部隊看齊,由每周60小時減至48小時。助產士開始集體靜坐、注射員又聲稱「不排除採取工業行動的可能」,加上前述的小部份九巴員工也表示要罷駛。

同日,明報的「社評」:

「本來,工業行動是勞方迫使資方讓步的一種合法手段。但

是，比較成熟的工會，通常都不會動不動就採取工業行動，而是把這項戰術留作最後一招，而且在採取這最後一招之前，必定對客觀形勢先作了嚴密的估計，因為長時期拖延下去的工業行動，萬一失敗收場，員工的士氣必然大受打擊，工會的威望也甚受影響。工業行動，尤其是大規模的罷工、罷駛，並非隨隨便便可以採用的方法。

服務市民的行業要採取工業行動，尤其應該慎重；工業行動帶來的後果，市民必然先受其害，其次才是這個機構的資方。從社會責任的層次看，沒有必要而採取的工業行動，是不負責任地以公眾利益為籌碼去爭取本身的利益。從戰略的角度看，理由不充份的工業行動，徒然招惹公眾反感，對勞方有害無利。」

明報這篇社論，可謂完整而準確地，道出了工聯會和屬下各工會，在處理勞資糾紛時最核心的理念。也解答了之前經濟日報史進專欄文內的一個對工會的質疑：為什麼不早點罷工，而要糾纏12年才出手？

如果後來在1990年才成立的職工盟(即之前的基督教工業委員會)負責人劉千石、李卓人有認真地思考這個符合工會和工人利益理念的話，香港工人的勞工保障水平，肯定有更大的提升！

**不過，無論如何中巴勞資雙方糾纏了12年的改善退休金方案，終於劃上了句號！**

時任香港工會聯合會秘書長的梁漢開表示，香港發生中巴司機罷駛行動，主要導火線是退休金問題。梁漢開表示，工聯會現正在研究的香港長遠勞工政策，初步包括立法改善勞工福利等，爭取明年完成，其中一定會包括工人的退休保障建議。

1989年12月9日的經濟日報，在「議事堂周記」欄，作者嘉敏在"中巴事件是勞工問題？"一文中：「香港工會聯合會又再提要推行中央公積金制度，中巴事件令他們在談判中得著了許多籌碼，可是問題本身是不容談判的，那一場是否需要中央公積金的辯論，早已過去。而港府早已決定不推行中央公積金制度，辯論的時候正值本港經濟十分繁盛，如今再討論此問題，就連經濟上的時勢，也不站在工人那一邊。」經濟日報對工聯會的意見，又唱起反調來！

　　**事件結束後，工會曾經進行了深入的總結，得出下面數點結論：**

1. 中巴分會內部負責人在整個行動的部署和分工，比較細緻；

2. 不斷在站頭、廠內、工會會所召開不同範圍的會議，認真聆聽員工的意見，在充分溝通的同時，也充分調動員工的積極性；

3. 及時調整策略、統合員工的不同意見。例如：資方指出，工會要求工作滿十年的，可以領取退休金離開。大部份的員工都符合這條件，如果一起離職，我們公司怎麼辦？誰來開車？但在與員工的溝通會上，一名車廠員工提出：我們年輕的可以答應一年內不領取退休金，讓公司有充分的時間請人。工會及後調整為35歲以下的員工，一年內不領取退休金，令資方沒再以此為籍口來拖延談判！

4. 重視與媒體的信息溝通，使工會的重要行動信息和訴求內容，可以及時傳播給社會大眾；

5. 資方利用每次談判時，都只談加薪，來拖延回應改善退休金的訴求。反過來，工會就以退休金仍未解決來凝聚員工，不斷爭取帶來了力量的不斷擴大！

6. 工會充分利用公共巴士公共服務的性質，不斷向政府有關部門及在董事會內兩位官方派出的董事施加壓力；

7. 認真調查研究資方的藉口內容，例如資方不斷強調退休金數額龐大，公司無力應付。工會則不斷走訪專業的會計師、了解九巴、中電、港燈等同屬公共服務的公司，掌握這些公司的退休金制度和財政負擔，有力地反駁了資方的藉口！

8. 把罷工行動對市民的影響，作出預告，使市民明白工會行動的理由，和自行調節自己的出行時間，以減少對罷工行動的不良觀感；

9. 罷工期間，車長和技工組成糾察隊，防止有人破壞或嫁禍工會；在即將完結行動時，要員工積極配合，在行動結束時馬上順利出車；

10. 每次行動時，盡力與警方溝通情況，避免引起交通大混亂而令市民不滿！

　　筆者點評整件個案的視角，是希望以一個工會（運）工作者的立足點出發，而並非一般人的角度，貫穿著整本書的初衷！

# 事件點評：

1. 工會在整個事件進行的過程中，充分體現工會的領導能力和意志，十多年來由每年爭取年度加薪方面作為切入點，在過程中不斷積聚力量，教育員工懂得團結的重要性，積小勝為大勝；

2. 工會在整個事件結束後，最直接的是為中巴全體員工在退休金方面，爭取到比較大的改善；

3. 事件結束後，全港工人也成為長遠設立退休保障制度的得益者，因為引起了一個全社會都關注工人退休保障問題的大討論；

4. 工會的會員密度和影響力有所擴大，以利於將來的進一步爭取；

5. 事件引起了全港僱員對退休保障制度的重視之後，促成了即將撤退的港英政府，被迫進一步考慮設立公積金制度的社會壓力。

6. 此次罷工事件，從任何角度看，都是成功的！

天天日報(1989.11.14)

中巴員工大會通過罷工的決定
天天日報(1989.11.28)

### 勞資雙方的退休金方案比較

| | 計算方法 | 附帶條件 |
|---|---|---|
| 資方的新退休金方案 | (離職日底薪＋特別津貼)×權益因子*×年資(由7/90起計) | 必須滿55歲 |
| 勞方建議方案 | (離職時日薪＋特別及膳食津貼)×33×年資 | 工作滿十年 |

*權益因子：隨退休年齡轉變，由66至416不等。

備註：資方方案中，新入職員工可享較高退休金額，現職員工年資愈久則獲益愈小。
(若底薪＋特別為102，於55歲退休一若職工為54歲，新制度可得102×66×1＝$6612
若職工為50歲，新制度可得：
102×66×5＝$33660

中巴員工大會通過罷工的決定
天天日報(1989.11.28)

楊智堅接受訪問 天天日報(1989.11.30)

柴灣巴士廠所有巴士司機支持
罷工行動 快報(1989.11.30)

港府免費巴士到利東邨接載市
民上班　晶報(1989.11.30)

罷工時間內，柴灣巴士
廠所有巴士沒有開出
快報(1989.11.30)

中巴分會舉行記者招待會 宣佈
今日結束罷工
晶報(1989.12.01)

天天日報(1989.12.01)

# 08

# 香港仔隧道罷工

## （1994年）

1994年堵塞香港仔隧道的罷工事件，影響交通範圍廣泛，香港仔隧道的激烈行動卻帶來勞資雙方良好溝通了20多年！此次堵塞行車隧道的罷工，亦是香港開埠以來的首次！

## 事件起因：

1992年初開始，香港仔隧道管理有限公司（下稱「港隧」，即由跑馬地通往香港仔的隧道）陸續削減員工人手，交通組由1992年的每組14人，減至1993年的11人，再減至1994年的8人；多項員工福利，如醫療、員工飯堂等不斷減少、降低員工公積金的金額，迫簽新合約等等。還採取強制手段，每當紅磡海底隧道（即紅磡至港島的隧道，下稱「紅隧」，兩條隧道由同一間公司營辦及管理）每當紅隧有員工離職，公司會將港隧員工調往紅隧，客觀上是由只有七、八千元月薪的港隧員工，代替萬多元月薪的原紅隧員工的工作。這些被公司強制調去紅隧的人，身邊都是收入比自己高數千元的人，一來心理上不服氣（同工不同酬）；二來覺得自己是「廉價員工」，低人一等。而紅隧員工感到有被「廉價員工」取代的威脅，難免對之有敵視的心態，員工之間容易不和；還有，紅隧的汽車流量是港隧的一倍，以致工作量大增等等。

因為港隧員工中的一位代表甘浩楷，其兄長是工聯屬會海港運輸業總工會的理事，自然而然地通過關係聯絡了工聯會。工聯權益委員會(以下簡稱工聯權委)勞工服務中心，在接到投訴後，

一直通過組織員工採取與資方溝通、談判的方式，要求公司恢復員工被削減的福利項目，及表明不能強制調職，使紅隧員工心理上減少被取代的壓力。工聯權委期間不斷多次組織工友，前往勞工處及運輸署請願，但一直沒有什麼效果，資方也採取不與工聯權委代表接觸溝通的態度。

事件糾纏了兩個多月之後，在1994年12月6日，六位員工談判代表，即在事先約定勞資雙方談判會議日子的前一天，收到了公司的解僱信。翌日下午，在紅隧收費廣場旁的行政大樓，到了約定談判的時間，除了正在當值員工外，工聯權委要求全部員工到場，聲援接到解僱信的談判代表。勞工處勞工事務主任李紹葵和鄧世麟，也按時出席調解此預定時間的會議。

開會時，資方也同樣拒絕工聯權委的代表（包括時任工聯權委主任的本人、駐會律師鄺志堅和權委秘書葉偉明等數人）入內參加談判，只能在紅隧行政大樓門外等候和「食西北風」，等了兩個多小時後，我便聯絡裡面的勞工處主任李紹葵先生，請他出來，以便了解會議進展情況。我問李先生：「公司會否收回那幾封解僱員工代表的信？」李紹葵很乾脆地說：「不會！」

在談判期間，資方開除勞方代表，這是對工會和員工極大的挑釁，這是嚴重挑戰工會底線的動作。況且，我們一直給予資方糾正的時間和談判的機會，包括我們幾個人在紅隧行政大樓外「食西北風」等候了兩個多小時。這也是為了談判得以開始的誠意，所以才沒有堅持必須參加才可以開始談判！但這一切，並沒有換來資方的善意回應！

所以，我們聞言後，迅即決定：退出談判，馬上行動——罷工！全體43名員工立即離開紅磡隧道行政大樓，坐上107線隧道巴士，連續過了兩條隧道後，在香港仔隧道黃竹坑的出口處下車，大家換上制服，把所有收費亭旁來回方向的閘條全部放下（只有自動收費的一個閘口無閘條可放！），我和一位員工代表，開着隧道公司的救援車，倒回到跑馬地的隧道入口，把車橫桓在隧道入口的兩條行車線中間，以免市區駛來的車輛堵在隧道內。工程車剛剛放好位置，警方的衝鋒車已到。我們也不理會到場的警察，立刻乘另一輛車退回黃竹坑隧道出口。當時在場的全

體40多位員工群情洶湧、士氣高漲，聲言要罷工至少一小時！

當日是星期三，跑馬地有夜馬賽事。香港仔隧道的堵路罷工，形成南北向的長長車龍，而且阻擾了港島東西向的交通。罷工15分鐘，灣仔、中區的汽車已經堵塞了一大片，車龍伸延到九龍的紅磡、尖沙咀、土瓜灣一帶。經考慮後，作為警告式的罷工，已經很足夠。而且在工會多年，「有理（據）、有利（時機）、有節（奏或制）」（註：這是毛澤東在1940年發表的《目前抗日統一戰線中的策略問題》毛澤東選集第二卷p.702-710）文章中著名的論述。有理是自衛原則，人不犯我、我不犯人；有利是勝利原則，不鬥則已、鬥則必勝；有節是休戰原則，在一個時期內，打退了進犯後，在對手沒有新的進攻前，應該適可而止。在他們舉行新的進攻之時，我們才又用新的鬥爭對待之。這三個原則，簡而知之，就是一句話："有理、有利、有節"。）的策略性想法，時刻都在工聯權委各人的腦袋之中。

我們立即說服現場行動的員工，暫時結束罷工行動，升起所有收費亭欄阻車輛通過的閘條，恢復正常通車。我們又指示值班的員工，先回到工作崗位，恢復正常工作；並非當值的，進入在隧道上方黃竹坑隧道出口的員工餐廳開會，商討下一步做法。我在這裡不妨說明一下，號召罷工與及時收手要求工友們復工，相對來說，後者是相當困難的，這做法必須建基於工會的組織能力，建基於深厚的互信基礎，與及工會的威信。這件事在工聯權委而言，叫做「能放能收」，這涉及深入細致的前期組織工作，尤其是要防止因此而引致員工因不同想法而出現混亂。

當大家開完會從員工餐廳出來時，門口已經有20多位記者在等候。因為這是香港開埠以來，從來未發生過的"堵塞隧道"罷工事件，新聞爆炸性夠勁！大堆記者包圍着代表做訪問，我清楚記得當時最少有四部電視攝影機在場。因為這是開埠以來首次，又是下班時間，短短15分鐘，已經影響了灣仔、跑馬地、中環、紅磡、尖沙咀、土瓜灣一大片的交通，波及道路範圍非常大！

在採訪過程中，一如所料，記者一定會問：「工人什麼時候再罷工？」代表們亦按預先的部署回答，用不到十秒的時間，標準地回答：「如果公司沒有進一步對付員工，我們就暫時不會有

進一步的行動！」

　　罷工雖然是部署行動其中一個選項，但始終要回到談判桌上，情況發展太快，所以事前並沒有時間，詳細向工聯會其他負責人報告。按照當時工聯會的體制，本人雖然身兼工聯會副理事長、權益委員會主任、勞工顧問委員會僱員代表幾項職務，但在對外事務方面，我是有責任及時向會長李澤添及理事長鄭耀棠報告的。所以，在回家的路上，我才用手提電話向兩位工聯會負責人簡單報告了當日的情況。（說到手提電話，這裡補上一段「故事」。話說在上世紀90年代初，手提電話剛面世，價錢非常昂貴，也並不普及。此時我剛從膠業工會調到工聯會總部專責處理勞資糾紛，算不上甚麼負責人，充其量是一個工作委員會的主任。但剛巧有位某單位的女負責人，用16,000多元買了一部摩托羅拉「大哥大」（俗稱大水壺手機）。後來發覺手機體積實在太大，放在手袋中外露半呎，而且通話費用昂貴，又感到沒有多大急需之處，於是會內徵求轉讓。時任工聯會副秘書長的梁漢開，決定承接這部手機，供我出外處理勞資糾紛事件時，作急需之用。說實在的，那個時候，擁有一部手提電話，在路旁講電話，是非常神氣的！）

　　當晚回到家中，收看電視的新聞報導，感覺到有些莫名其妙。因為所有電視新聞報導中，完全沒有了工聯會組織和發動罷工的報導，與及我代表工聯會訪問時發言片段。現場有20多位記者、四部電視攝影機，訪問中我們用了不足十秒的時間，標準地回應了記者「甚麼時候再罷工？」的問題。但所有電視新聞只提到香港仔隧道發生了罷工事件，其中「無線電視」播放的片段最特別！對工聯會的訪問及現場情況不見了踪影，他們反而專門去訪問與此事毫不相干的李卓人（背景漆黑一片，估計是他家樓下吧！），而李卓人在訪問中批評工聯會做法偏激（大意），如斯回應顯得非常奇怪，不似是李卓人的一貫語調。

　　不久，有幾位工友打電話來問我：「點解會變咗李卓人？我們三個月來都在工聯會開會，從來未去過職工盟，也從未見過李卓人，他與此事有何關係？為什麼沒有我們的鏡頭？反而有個不相干的人，接受訪問和發表無厘頭意見？此人好像是反對我們的

罷工行動似的！」當事的工友，對這段報導甚為反感！我只能回答說：「這個要問電視台的老闆了！」。

各位讀者，回歸前港英當局如何控制傳媒？我相信：「大家是懂的！」我作為工聯會的代表，在處理勞資糾紛時，按記憶，起碼有兩次；另一次是翌年的青衣機鐵站地盤事件中，同樣是受到了特殊"招呼"（內容請看《工人工會工棍》梁富華著　火石文化出版社　第33頁）。

翌日下午四時，本人與工聯權委副主任丁錦源，應約抵達中環勞工處總部，在時任首席勞工事務主任蕭威林的辦公室內，與資方的代表九龍倉運輸投資有限公司董事總經理易志明（後來任2012-2021運輸界立法會議員），還有一位紅磡隧道經理李大偉先生一起談判。易先生開口便問我們的要求（廣東原話是"你地想點"）？我們簡單地回應：「立即取消所有解僱信，回到罷工事件發生之前的狀態，當作一切事情無發生過，其他以後再談！」易志明爽快地一口答應，他會盡快代表公司宣佈：取消所有解僱信。

事件之後的發展，完全按工會的設想方向，很多問題逐步得到解決，包括恢復之前被公司取消的員工福利、每組人手、編更期數，公司也答應不會強制調動員工到紅隧工作。這件事情的結果，也受到並未直接牽涉其中的紅隧員工的歡迎，為他們解除了心理壓力，因為他們的工作將不會被較低薪的香港仔隧道員工所取代。

此次談判相當順利。如果把一切成果歸納為罷工之威力的話，未免把複雜的問題簡單化。毫無疑問，資本主義的發展過程中，勞資對立相當普遍，有時會發展到比較嚴重的地步，如資方採取高壓手段，動輒以開除作要脅時；罷工則是工人最有力的對抗手段，以團結的力量對抗高壓。不過，罷工對勞資關係的損害亦很大，倘若老闆考慮有所退讓時，高層管理人員每每會提出「今後難於管理」作為理由而加以反對，會影響到談判的決策。不過這一次香港仔隧道工潮的解決，說明了該公司的高層摒棄舊的思想模式，他們敢於面對現實，考慮到員工的處境從而接受意見和解決問題。

　　1995年，工聯會協助隧道員工成立「香港隧道從業員工會」（後改名為香港隧道及公路幹線從業員工會），工會成立初期，參加工會的，以紅磡隧道和香港仔隧道的員工為主，後來發展到東區海底隧道、西區海底隧道、青馬管制區、大老山隧道、大欖隧道、啟德隧道、將軍澳隧道、城門隧道等多條隧道的員工，都有人參加工會。其中青馬管制區員工在2002年10月，爆發了堵塞長青隧道事件，這是後話，容後再表。

# 對事件的總結和體會：

## 堅持工會的鬥爭策略與底線思維

　　首階段的幾個月，勞方不斷向資方和政府施壓，基本的策略是以談判、示威請願和講道理為主，組織了多次向管理隧道交通、批出管理合約的運輸署施壓，要求有關的政府部門，根據政府與有關公司的合約，取消一些不合理的措施，以免員工反彈，甚至會被迫採取激烈行動影響市民大眾。遺憾的是，運輸署（主管隧道公司的政府部門）無動於衷，主觀認為不可能有事發生，他們欠缺危機感；勞工處經驗豐富，知道處理不好是會出事的，不過運輸署是他們的同級部門，他們沒有權力要求運輸署如何處理；另一方面，勞工處亦缺乏足夠的力量去影響大財團（九龍倉集團）。所以在事情未趨惡化前，他們的目標只能是息事寧人，希望雙方多談判、少搞激烈對抗行動。再說一句不中聽的話，政府部門官僚習氣也是很深的。

　　工聯權委的指導思想非常明確：按照「有理、有利、有節」的策略進行鬥爭。具體而言：

一、 勞方首先要「有道理」，工友被削減多項福利和津貼、不合理而強制地被調動工作，並且會與原有紅隧員工產生矛盾，工作崗位處於不合理狀態。

二、 找尋「有利」的時機，例如當日跑夜馬、下班交通繁忙時間，以產生具有震撼性的社會影響力。

三、 「行止有時、能進能退、能放能收」，不打其他工會「磨爛蓆」式的消耗戰。大量事實證明，資方有時最不怕的反

而是你磨爛蓆，因為「罷工」事情既然已經發生了，資方就容易產生一種："看看工人能支持得幾耐的心態"！他們最怕的，反而是不知道手下的員工，先行動了一次，突然收兵！不知道員工何時會再採取行動，而令公司處於被動的境地。所以這種做法，是勞方掌握了主動權的。當然，最難的是：如何說服工人同意和接受工會的意見，而且往往在這時刻，其他的團體就會走出來唱高調，話工聯會"出賣工人利益"，在沒有取得勝利時就收手，說成是因為工聯會"勾結了資方"！所以，工會與工人之間的互信、主事者有足夠的威信和經驗、能把道理講清楚，至為重要。工聯會的人與這40多位員工，相處了三個多月，開過很多次會議，他們相當了解我們過去為工友做過的事，對主持此事的工聯權委，有很大的信任。才能在關鍵的時刻，聽從我們的指揮和決定。

## 筆者點評：

1. 工會在事件後，協助工人組織了隧道工會，而且不斷發展力量、吸收工人參加工會。工會能夠在公司及整個隧道行業從業員中，站穩了陣腳、樹立了威信；

2. 涉及的工人，利益增加或恢復了原有的福利待遇，工作條件明顯得到了改善；

3. 僱主（資方）會因罷工的發生，往後更加重視工會的意見、勞資雙方的溝通渠道大為改善，避免了因溝通不足而產生誤會；

4. 事件中響應工會號召的工人佔有很大的比例，顯示出工會的動員力；

5. 資方在罷工事件中的生意和業務，受影響相當較大；

6. 工會發動罷工時，是掌握了充分的理據，並為員工和社會大眾所接受；

7. 工會在底線被越過時才行動（所謂底線思維），即是在資方採取開除工會談判代表的最惡劣手段之後才發動

罷工，是得到社會充分理解的。

8. 整個九龍倉集團內的公司或部門，包括有關的幾條隧道、天星小輪、電車公司、九龍倉（海運大廈碼頭）等，工聯會集團工會中，分佈在工聯會內部不同的工會系統內。工聯會權益委員會把上述工會，在原有的系統分工之外，組成「九龍倉工會聯席會議」，不同的工會，但面對相同的資方，這迫使九龍倉集團更加重視與工會溝通、協調涉及工人利益的事，整體上令所有工人得益。

9. 從工會、工運、工人的角度看此次罷工事件是非常成功的！

# 09

# 港機公司的少數工人罷工事件(1999年)

## 事件背景：

　　香港飛機工程公司(HEACO)擬在經濟下滑時，對屬下4600多名工人探取裁員、減薪、減福利的事件。因職工盟在幾十位年青工人的求助後，高調介入，並立即喊出「罷工」口號，這樣做的後果，是完全並立即暴露勞方的全部實力，導致資方肆無忌憚、予取予攜地除人、減薪。可以說，這是最直接損害工人利益的個案。

## 事件發生的過程：

　　1999年中，香港飛機工程有限公司（下稱港機公司）因亞洲金融風暴的發生，來往香港的航班銳減，引致生意大幅下降，在分批裁減了400多名員工後，資方擬進一步計劃削減餘下員工的加班津貼和下調加班工資的計算方法。工友們反應強烈，民航工會在8月26日召開港機公司會員代表會議，了解各員工意見。9月1日，工會去信資方，發表反對意見。9月15日，民航工會聯同工聯權委在新蒲崗工會會所，再次召開員工大會。儘管當晚颱風臨近，仍有不少工人出席，會上反對資方做法的聲音不絕，當場選出了4名員工代表，擬約見資方，但得不到回覆。

　　9月20日下午，時任勞工顧問委員會資方代表的劉廣全先生（也是港機公司執行董事），約梁富華（因梁同時是勞顧會勞方代表）和民航工會（包括工會在公司內工作的理事）等數人，到位

於機場跑道尾端的港機公司內傾談。各工會代表應約到達。

劉先生首先講述了由於經濟危機，飛機維修的生意很差，加上在啓德機場多年經營下來，員工的工資成本很高，員工每小時（稱「可賣工時」）成本達到50美元。現在公司生意不景（背景是還有一個原因，公司原先估計會有部分員工，在公司搬入赤鱲角新機場後會自動流失，但結果是，由於社會整體經濟衰退，在外面找新工作不易，以致絕大部分工人不怕路途遙遠，跟隨公司入新機場繼續工作），所以必須要節流，令成本下降。言下之意，就是減薪、減福利，否則便需要開除更多的工人。跟着，劉先生又意有所指地說：1. 公司在廈門投資的、規模很大的飛機維修廠房hanger已經投產(1999年11月22日經濟日報有所報導)，2. 公司亦與赤鱲角機場另一間規模較小的飛機維修公司簽了支援合同（此時，赤鱲角新機場共有HEACO、PAS、CASL等三間飛機維修公司），3. 公司也安排了需要大修的飛機不要飛來香港。

說來說去，除了陳述公司的經營困難外，劉先生更清楚地、"婉轉"地試圖說明：資方是不怕工會任何行動的，因為已經做足了幾重防範！

9月22日，工聯會權委主任梁富華聯同民航工會代表和四名員工代表，與資方再次會面，大家充分反映了員工對公司削減夜班津貼的反對立場。在上述情況下，公司仍然與我們溝通，估計是希望雙方有所諒解。因為管理層亦知道，公司內有不少民航工會會員，他們對我們民航工會的實力摸不透，也希望不至發生尖銳對立的情況。

會面之後，工聯權委與民航工會的負責人不停研究對策：

(一) 先評估自己實力，民航工會在港機公司內約有800多名會員（約佔全體員工15%左右）在廠內工作。首先要充分估量工人們的鬥志，其次要評估員工對公司的削減方案的反應和接受程度。根據工會數十年的經驗，工人隊伍並不是一支軍隊，四千多員工可能有數百種想法，過程中工會對員工的想法一定要作出準確的評估（相信其他新興工會應該是很少會做這類評估工作的）。工會如果未能夠掌握大多數人的想法的話，很容易會做出不符實際的決定。如果工人

隊伍鬥志高昂、團結性高、訴求強烈的話，工會要做出符合員工期望，作相應強烈的行動；反之，如果整個社會經濟低迷、員工保飯碗（職位）的心態普遍比較濃厚的話，倘若工會做出脫離實際的行動決定（其他新興工會經常如此），那麼工會不變成孤家寡人、身後蕭條者、工人利益難保者，幾稀矣！

(二) 雖然工會成立多年，但英資公司在啓德舊機場的經營，由於得到港英政府的優待，利潤豐厚，員工的薪酬待遇福利一向是不錯的。所以勞資雙方甚少發生矛盾，一直以來員工倚靠工會維權的意識不高，再加上公司已經採取多重防範措施。資方有備而來，故此我們不能不多加思量，

在此，必須讓讀者了解清楚，當年港機公司的薪酬制度和公司打算削減甚麼？

一般而言，員工的底薪不算高，但加班和開夜班的工資計算方法比較優厚：超時工作在朝九晚五時段是1：1計薪、下午5時至午夜12時是一倍半計算、凌晨12時至翌日早上加班工資是雙倍計算的。員工分四組，按早、中、夜輪更（另外一組休息），一星期換班一次。故此當值中班的員工，大部分工時會按一倍半計算；當夜更的，絕大部分（甚至全部）工時雙倍。每名員工每月正常工作192小時，每月上班22天。

公司曾經提出裁員一千人，後來再提出削減夜班津貼的方案，工資計算方法由不同時間的工資率，改為每班夜更只發給夜間津貼：管工級由400元減至250元、技工級減至160元、清潔女工減至80元，平均減幅約30-40%。

分析下來，我們初步的對策是避免硬碰，故此採取繼續談判的策略，目標是通過談判去減少員工的損失。故此，勞方在10月6日與資方進行第二次談判。

此前，為徵集更多人的意見，民航工會分別在9月22日、9月29日及10月22日、10月27日多次召開部門代表會議，並針對公司的方案提出六點建議，作出反建議。而在10月13日，工聯權委發表公開聲明，聲援民航工會和港機工人。

勞方主張「文鬥」是基於兩個原因：外因是市面經濟低迷，

和資方部署防範充分，內因是未能完全百分百確實掌握員工的心態，我們期望通過談判說理，逐步凝聚力量（逐步升溫）。然而，如同以往在其他個案曾經出現過的規律性現象，也在本個案出現了：公司內小部分的年青人認為工聯會和民航工會不夠激，他們轉投職工盟。

此前，港機公司內有部分員工醞釀成立工會，職工盟當然支持，故有人正在籌組一間名叫「香港飛機工程有限公司職工會」，這間工會開始招兵買馬，但按慣常做法，誇大地對外宣稱有會員一千多人，揚言要採取罷工行動。職工盟先在青衣島一間教堂召開大會，出席者共約100人。李卓人也做他的指定動作——號召由10月20日開始罷工，參加罷工者要在機場候機大樓靜坐抗議。他們由於常常缺乏做深入細緻的組織工作，但迷信"一呼百應"的號召力。結果，所謂"罷工"的第一天，響應者人數太少。職工盟有些急了，便在翌日（10月21日）早上上班時間，派人在公司閘口攔截上班的員工，呼籲員工加入罷工行列，可惜無效。在電視新聞報導鏡頭中，見到下車的員工避開攔截的人，繞路疾走、狂奔入閘返工的鏡頭，我至今仍記憶猶新。

在往後的幾天，響應罷工號召的，最多時只有200人（估計有些是照常上班，下班後始到在機場大廳靜坐表示參加「行動」），相比於全公司4,600多名員工，只有少於百分之五的人參加罷工，對資方有甚麼威脅，可想而知。

工聯權委評估，什麼人發動的罷工也是肯定會失敗。因為罷工要審時度勢，很多時是要到最後一步，聚集足夠民意才採取的行動。在缺乏組織、調查研究之下，動輒一開局就把最後一招拿出來，結果反會示人以弱，並徹底把工人實力底牌暴露在資方的面前，並且打擊了所有員工的士氣。接下來，資方拒絕跟所有工會談，也不願與我方工會繼續對話了。

這個時候，正是陳方安生任政務司司長，張建宗剛調任勞工處長。

一子錯，滿盤皆落索。資方看出組織罷工的工會毫無威脅力，可以放膽予取予攜了！削減夜班津貼遂強硬推行下去。到11月20日公司又提出，再次大幅度削減清潔部員工底薪。職工盟的

蠻幹，實際上為員工帶來了很大損失。

　　勞工處是在事件之後，批准這間「香港飛機工程有限公司職工會」註冊的。於是這間工會在罷工失敗的陰霾下掛起了招牌。之前，職工盟在1999年10月20日的報章上，號稱有一千多名會員。但出席該港機職工會籌委會的，加埋職工盟的搞手，才120人！出師不利，成立時只得會員19人（資料來源《職工會登記局年報》，下同），如此稀薄的力量，當日對外宣佈會有一千人響應罷工，但新聞報導中鏡頭所見，始終是不到100人在"靜坐"。

　　至於罷工時籌備成立的工會，兩年後，到2001年才有會員55人，接下去就原地踏步。其至沒有向勞工處申報會員人數，如此這般拖了12年，每年的會員人數都是55人（到2011年，職工會登記局年報中再見不到此工會了）！

　　10月23日，明報大標題報導：「陳方安生介入斡旋，港機資方願對話，罷工結束。」內文報導，其實是資方與勞資協商委員會開會，邀請部份外勤維修員工出席，其中包括在工會籌委會的代表。職工盟得知此消息後，向會員發出「工會與資方對話要求的大綱」。但是，港機公司常務董事陳炳傑和執行董事劉廣全，知悉工會籌委會所發出的大綱標題時，立即要求職工盟澄清，否則會不惜取消會議。港機工會籌委會，被迫在晚上七時許，向新聞界發出聲明，澄清"會議並非工會與公司的會議，而是勞資協商委員會的會議，員工代表被邀參加該會議"。如按明報的報導，應該是職工盟眼見資方態度強硬，而人數很少的"罷工"，根本對資方完全不構成壓力和威脅！為求下台階，願意發出聲明，放棄了工會代表與資方開會名義上的訴求，為的是能夠坐低及盡快收工回家！

　　1999年1月15日東方日報的報導：職工盟劉千石要求時任政務司司長的陳方安生出面，向港機公司的母公司太古集團高層施壓，令港機公司接受勞工處調停。據了解，港機公司的執行董事劉廣全，因有感於陳方安生，以「大石壓死蟹」方式，來挽救職工盟因蠻幹而來的「失敗」，感到十分「無癮」，憤而辭去勞顧會資方代表（他是代表香港總商會）的職務！

工聯權委和民航工會的做法，是在分析了以下具體因素而決定的：

(一)資方裁員減薪客觀上是勢在必行，這也是港英管治香港時期，過度照顧英資公司，導致其多年來成本不斷上升，無法適應因新機場兩條跑道隨之而來的有競爭的商業環境。特區政府只不過引入少量競爭，備受港英照顧的港機公司就感到吃不消，加上經濟危機的雙重打擊，遂出現了此次必然的陣痛；

(二)勞資糾紛，在工會而言，在於勞方的主體力量，即員工的鬥志、團結的程度、訴求的高低，都是我們決定行動方針的判斷依據；

(三)初期勞方總體實力和反應仍未被資方掌握，資方還想保持與工會的一些溝通和觀望，以利將來長期相處，所以還對我方工會還有所顧忌，能夠接受勞方一些合情合理的要求。但是，所有的努力，因為職工盟的盲動，一切談判都無從說起了！

(四)負責任的工會，必須要具體考慮勞資雙方的實力對比、社會經濟影響下員工爭取的決心、員工團結基礎的堅實程度，而作出必要的策略調整。「搏大霧、拋浪頭、迎合少數激進的訴求，而採取不符勞方真正實力」的做法，顯然是不符合多數人的利益的做法，作為工會工作者，這是不應該採取的做法。

## 筆者點評：

1. 由於職工盟過早地採取罷工的過激做法而暴露勞方實力，令資方既不願談判、也肆無忌憚地削減員工的薪酬福利；

2. 職工盟在徵詢工人訴求、組織工人集結、了解資方實力部署和應對工會方面，全無做預備功夫。發動罷工後，發現工人沒有行動後，企圖在門口攔截工人入廠返工，但又無法組成由工人組織的有效糾察線。在資

方眼中，這完全是失敗的動作。

3. 事件發生後，令原來工聯會屬下的民航工會會員人數也下降了，因對工會缺乏信心；更遑論職工盟新成立的工會，更乏人問津，成立後多年，會員從未過百；工會力量在廠內被剝弱！

4. 員工實際利益因職工盟操作失誤而受損，"罷工"後沒有任何得益，筆者視此為徹底失敗的罷工事件！

# 10

# 青嶼幹線罷工(2002年)

2000年10月，本人時任特區第二屆（2000.10-2004.9）勞工界立法會議員後，仍擔任工聯會的副理事長和權益委員會主任，主責處理勞資關係和勞資糾紛的工作不變。當時整個香港在經受着亞洲金融風暴、西方經濟危機、沙士、禽流感等吹襲，經濟低迷、機場航班減少、裁員減薪事件不斷。

由於1994年底策劃了香港仔隧道罷工，取得很好成績和效果。翌年，協助香港仔隧道和紅磡海底隧道的員工，組織了隧道工會。經過幾年間的發展，香港幾條主要隧道都有了工會的會員，有些原香港仔隧道的員工轉職，去了其他隧道公司工作，情況好像播種一樣，在很多隧道公司中發展了工會力量。

青嶼幹線，又名北大嶼山青馬管制區，由青衣島的長青隧道開始，經過青馬大橋直至新機場的20多公里高速公路的管理經營權，由一間名為「青馬管理有限公司」（下稱青馬公司）營運管理，其母公司是大欖隧道公司。情形與紅磡隧道公司向運輸署投得香港仔隧道的管理權一樣，但管理合約有些條款不同。接下來，資方多次除人、減薪、減福利，勞資關係逐步惡化，最終出現罷工事件。

## 事件發生的過程：

1996年10月，青馬公司以十億元投得青馬大橋四年管理合約。

2001年3月，青馬管理有限公司低價再次投得青馬大橋管理合約四年後，裁減了43名營運部員工，另外有80名清潔及廚房員工被減薪。

2001年7月，青馬公司取消員工原有的夜班津貼、削減有薪年假及員工須連續八日每日加班才獲加班津貼，受影響者有300名員工之多。

2002年2月，資方宣佈自3月1日起，削減加班津貼16%，聲言2004年將會取消年尾雙糧，隧道工會青馬分會則聲言會罷工封橋抗議。

2002年3月，約100名員工到位於銅鑼灣的公司寫字樓遞交抗議信。公司與員工代表談判後，擱置取消雙糧。工會為此舉行了小型祝捷會。

2002年9月，資方提出削減80%雙糧，之後又改為員工可獲半個月雙糧、半個月浮動花紅，並要求員工簽新合約，承認取消雙糧的制度。

2002年9月26日，員工到公司行政大樓請願，當眾燒毀新合約。

2002年10月11日，員工堵塞長青隧道往九龍方向入口，罷工抗議。

發生糾紛的主因，是運輸署2001年3月批給管理公司的合約中，有一項條文：管理費與通脹（或通縮）掛勾，政府付出的管理費會按通脹增加、也會按通縮減少。大家相信，當年訂立此內容的管理合約時，只想到通脹，根本沒有想到會出現通縮，而且是長時間的通縮。當年，香港經歷了長達59個月的通縮，公司從政府方面收到的管理費不斷減少，或者需要退回，資方把管理費收入的減少轉嫁到員工身上，於是在員工薪酬待遇方面打主意，企圖將年底雙薪減半及改為浮動獎金，又削減輪更津貼等等多項措施。

工聯會也明白，問題出在運輸署削減管理費方面，所以在接到青馬員工求助後，我們不斷組織員工約見運輸署總運輸主任（隧道公路）、勞工處、立法會議員等，以示威、請願、遊行和記者招待會的行動向資方施壓。本人也趁大欖隧道公司代表來立法會交通事務委員會開會時，以立法會議員身份，不斷與公司總經理陸錦漢先生等管理層溝通，並表達員方的困難。後來我還具體向陸錦漢提議：「可否如此？由我們工聯會做東，邀請貴公司

幾位高層，加上隧道工會青馬分會的理事來個飯聚。陸先生你可以講講你公司的困難，但也要認真聽聽員工的困難」！他很爽快便答應了。

某天晚上，在工聯會工人俱樂部三樓的飯堂（現已結業），勞資雙方共約14-15人，坐滿了在一張大圓枱，勞資雙方互相訴說己方的困難和處境。本人當時似乎感覺氣氛還可以，埋單時工聯會付了帳1700多元。但後來事態的發展証明，這樣做，並沒有帶來好的效果！

飯局之後，資方並沒有停止對員工削減薪酬福利的行為，甚至拿出新合約要員工簽署。我們的對策是要求數百名員工不要簽，並把新合約全部交給工會，以顯抗爭決心。果然，我們收到數百份"空白合約"。2002年9月26日，工聯權委與隧道工會組織了一次行動，在青馬收費廣場旁的行政大樓前，在記者面前全部焚燒這批"合約"以顯示抗爭的決心。

但是，過不了幾天，運輸署一位助理署長打電話給本人說：「梁議員，有97%的員工已經簽署了新合約了」。後來深入了解到，在當時整個香港經濟下滑的情況下，員工的心態比較複雜，一方面對資方非常不滿，希望我們繼續為他們爭取；但另一方面又感覺到生活壓力，恐怕抗爭會丟了工作職位，所以工友把新合約複印了多一份，一份沒有簽名的空白表格交給工會，但同時又把簽了名的新合約給公司。最後，只剩下工會的分會理事和個別員工共11人，堅決不簽新合約！員工們的軟弱而現實的態度，把為數有限的工會理事和中堅分子推上風口浪尖！

此時，本人也聽到一些反映，有些工友，倒過來反而勸工會的理事簽新合約，還說：「留得青山在，那怕無柴燒！」當然，我們也分析過，在經濟低迷，找新工作不易的情況下，員工的鬥志是會有所動搖的，這並不是意料之外的事情！工友心態是怕工會的骨幹離了職，不知以後靠誰出頭抗衡資方！

在這種情況下，我只能憑經驗警告運輸署的高官們：「纏鬥多時，似乎是資方贏了！但請你們提醒公司，既然絕大部分員工簽了新約，資方既然已經勝券在握，就不要去搞（廣東話，意即對付）我們那些未簽新合約的理事和少數員工了，至於將來他們

是否離職，只能是順其自然吧！」

　　但是，正如某些傳媒分析：公司正在與政府鬥法，所以青馬公司最終還是發出解僱信給予所有不簽新合約的員工，當然亦包括了我們隧道工會青嶼幹線分會的全部理事。

　　資方既然越過了工會的底線，把事情做絕，工會就別無選擇了！工聯權委立即與全體被解僱員工商討對策。本人在開會時特意問大家：「有什麼我們應該做的，而過去沒有做？有些什麼事情我們不該做的，但已經做了？」大家都說想不到，本人自己反而想到了一點：是否那次安排資方高層與工會代表的飯局弄出了反效果？該次飯局，工聯權委的出發點，是希望勞資雙方有一個溝通的機會。但是否反而令到資方錯誤解讀為：工聯會是幫助政府的、是強調繁榮穩定的、是不會罷工的？資方是否因為有了這樣的評估，所以才對工聯會的警告置若罔聞？

　　資方的做法，開除工會代表，完全超過了我們工會的底線，這是無法接受的！

　　大家當時也無法回應，本人跟着說出工聯權委的打算和部署：明天早上七時左右，全體青嶼幹線分會理事(共七個人)拿着橫額，在長青隧道往九龍方向的入口，一字排開坐在地上，從而把交通堵死，為時15至30分鐘。目的是迫公司坐下來談判！屆時，本人和權委秘書葉偉明，會在葵涌貨櫃碼頭最後一個上高速公路的入口處，一俟被解僱的員工動手，我們收到訊號後，用一個調解和處理事件的姿勢趕到現場，名為「調解」，實質是聲援支持，和到現場指揮罷工行動！

　　人算不如天算，臨時發生了一個小意外：我們乘坐的工聯會小汽車，趕到長青隧道往機場方向的入口時，就被一位員工攔住，他說：隧道內火警鐘響起，按規定不准車輛駛入。我們情急之下，惟有大聲喊道：「我們是工聯會的人，趕去另一邊處理罷工的現場！」經過年多來的無數次開會和行動，大家都知道和認識我們的。何況長青隧道有三條行車線，一個人也無法完全阻擋。我們終於趕到了長青隧道的另一邊入口——罷工堵塞交通的現場。

　　堵路已經開始，車龍前頭的一位貨車司機大聲喊：「你們爭

取自己權益就堵路罷工，我們遲到被老闆開除怎麼辦？」我們只好解釋說：「我們只是迫使公司坐下來談判，阻塞時間不會很長的。」

約半小時不到，我們主動移開阻路的物件，恢復長青隧道的交通。這個時候，有數十名正在當值的員工，開始陸續加入罷工。即是說，中堅分子的行動，喚起了員工們同仇敵愾的精神，他們轉而投入抗爭隊伍，儘管他們經已簽了新約，資方分化的手段瞬即被瓦解。我們一齊移師到收費廣場旁的行政大樓門口聚集。由於陸錦漢等人始終不願露面和談判。員工們的憤怒情緒升溫，他們不斷衝出收費亭和行車線，攔阻通過的車輛，加大對資方的壓力！

此時陸錦漢打通本人的手提電話說：「梁議員，阻塞交通是犯法的事，你們不應該做犯法的事！」事情的起因是他耍了我們一把，現在還倒打一耙以所謂"犯法"作警告。犯法？工聯權委為了維護工人的權益，早已豁了出去。至於陸錦漢該句"忠告"使我深為氣結！這句詞語的真實滋味，我確實要以"氣結"的語調回答說：「陸先生，現在最重要的是，大家坐下來談！那管什麼犯法不犯法？」可是他在電話中並沒有作出明確的答覆。

不久，本人又接到一位運輸署助理署長的電話：「梁議員，我們的閉路電視看到，你們一位兄弟駕車進入隧道，打爛火警鐘玻璃和按火警掣，他這樣做是犯法的！」我此刻才知道為甚麼隧道內的火警鐘會響起來。我惟有這樣回答：「署長呀署長，現在風頭火勢、群情洶湧，你可否暫時不理此事？先把公司高層找來現場開會，盡快解決這樁罷工事件？」

折騰了大半天才見到陸錦漢和他的助手，到達行政大樓開始談判。但幾小時過去，他仍然無意收回解僱信，運輸署和勞工處一再苦口婆心勸說，資方始終不為所動，結果只是約定下次開會時間。

隨後在10月12日那天，有位曾經做過特技演員的員工，忽然走到青馬大橋，宣稱要跳橋自殺，搞到警方封橋和派出談判專家（見10月13日太陽報）；翌日，這位員工又爬上了高速公路的一個高架路牌架上，不斷作勢要跳下來，害得消防員又再次封路，並在下面

架起氣墊，防止他真的跳下來，如此這般交通又塞了半天。這樣一來，政府惟有不斷加大對資方的壓力，並開始出現轉機。

2002年10月13日上午10:35，即是上述該位員工作狀跳橋的時候，本人陪同五名員工代表到運輸署，指出青嶼幹線管理不善，要求政府終止與青馬管理有限公司的合約及接管青嶼幹線，會議直到中午結束。下午2:45，勞資雙方在葵興勞工處正式談判。青馬大批員工陸續在樓下聚集。下午5:45，員工代表通知員工，向大家交待談判結果及進行表決。最終，在晚上7:35達成以下談判結果，全體員工同意接受。

青馬勞資雙方四項共識：

(一) 公司不會向參與工業行動的員工秋後算帳；

(二) 公司收回共20封（包括所有工會代表）解僱信；

(三) 公司今年發放半個月雙薪，今後如果能夠維持盈利，公司會發放不少於半個月的雙薪；

(四) 超時補水，維持以時薪乘以1.5倍計算。

正如翌日所有報章的報導：抗爭以員方的勝利結束！

事後我聽到些"道聽途說"的傳聞。話說某高官當日召見青馬高層，該高官說：「我手上有呈交特首的兩份意見相左的文件，一份是青嶼幹線的問題經已解決，保證今後交通暢通；而另一份則是建議政府收回青嶼幹線的管理權，並啟動應急措施立即接管。我不知道應該呈交那一份？高官定下一條時間死線，並說，文件上呈之後就不能收回的了」。儘管這個充滿港英式管治口吻的"傳說"無法證實，不過，青馬資方的態度確實是馬上出現180度的轉變。

該研究的另一個問題是，青馬資方為什麼錯誤地解讀工聯會協商調解的態度？本人想，此事應當是受到"輿論導向"的誤導影響。回歸後，某些輿論刻意宣傳：只有其他工會才會為工人保飯碗，而工聯會有責任為特區政府保駕護航，所以只會搞福利而已。回歸後，工聯會以各種方式方法維護工人的權益，某些傳媒刻意不提、不(或少)報導，形成不少人受到誤導，以致青馬資方痛苦地掉入自設的籠牢。

同樣地，本人也經常聽到記者朋友提出這麼一句問題：「你

們工聯會，在回歸前同港英政府鬥，甚麼都敢做。回歸後，換了特區政府，你們要保持香港繁榮穩定，所以放軟了手腳」？

　　本人也總是這樣回答的：回歸前，1994年工聯會堵塞香港仔隧道；回歸後，2002年，工聯會堵塞長青隧道。我們維護工人權益並不會以回歸來劃線的！我們只會以工人的真正權益來劃線、以工會可接受的底線來劃線！

# 筆者點評：

1. 發動罷工是經過長時間的組織醞釀過程，充分考慮到當時的社會經濟環境下，員工的顧慮和心理狀態，不盲動、不冒進、後發制人；
2. 充分利用政府批出合約部門的影響力，以壓制資方；
3. 堅持有理、有利、有節的方針，爭取各方面的支持；
4. 工會在事件的前後，團結力量得到擴大，威信得到行業工人的支持；
5. 爭取到當年經濟環境下，大多數員工接受的結果。
6. 工會在罷工事件發生之後，會務有所鞏固、影響力有所擴大、資方必須考慮工會代表員工提出的意見！
7. 結論是，此次罷工是成功的！

# 11

# 扎鐵罷工（2007年）

　　事件真正的開始日期是2007年7月9日。但媒體的連續報導，是8月8日至9月12日的36天罷工日子。

　　所謂"罷工"的出現問題，其實在見報之前的一個月，即7月9日已經開始出現了。讀者需要先了解整個事件的始末，才可能了解其真相、並窺其全豹。包括當時的經濟環境、建築業的興旺與慘淡及隨之而來的工資升降、行業中勞資雙方的僱用習慣、行業中人的人際關係等等多方面的因素。

　　下面，本人盡可能地，就以上所列的幾個方面，先加以解說，然後再詳述事件的「真相」。

## 扎鐵工潮發生前的社會、政治、經濟背景：

　　回歸前，港英政府基於撤退前的政治需要，故意推高樓市、決定建造新機場等「玫瑰園計劃」，導致建造業人力供應相當緊張。除輸入25,000名「新機場建造計劃」的外勞之外，幾年間本地建築工人工資也水漲船高。其中尤以工作場地多是在露天地方日曬雨淋、最消耗體力的扎鐵工人的每日工資，節節上升。特別是新機場的有關工程，在工會的"參考價"只是1,200元一工的時候，間中會有某幾天特別趕工和缺人的日子裡，判頭甚至會短暫性地付出高達2,300元一工的價錢來搶工人。這時可說，是判頭、蛇頭、工人的"黃金時期"，直到1998年青嶼幹線(包括北大嶼山高速公路、青馬大橋、機場島的各項工程)完工，建築行業的亢奮現象，隨之結束。

　　隨之而來的，是亞洲金融風暴、禽流感、沙士、西方經濟危機爆發，使香港連續59個月處於通縮狀態。在這經濟下滑的大

環境下，包括扎鐵工人在內的各業工人，普遍開工不足、收入下降。建造業總工會（下稱建總）回歸前，在經濟亢奮（或正常）狀態下提出的每年正常調薪，也就無從說起。扎鐵判頭、蛇頭、工人們，有的為了生活而屈服，收取較工會價低的工資而開工，也有些則寧願休息也不願割價求售。

其中，頭腦靈活的幾位香港扎鐵商會負責人，則在低價承接工程和壓低工人工資中求生存，甚至有所發展。有一個行上傳說，曾燈發、梁志光等少數幾位會長和會董，承接了本來已經不多的扎鐵工程中的七成。不肯降價的判頭，自然更加粥水度日，扎鐵工人直接感覺到的是自己開工不足、收入嚴重下降，也跟着判頭和蛇頭，埋怨曾燈發等商會諸公的不是。處於最下層的扎鐵工人，生活和收入感到的壓力最大。明白知道這是整體社會經濟問題的工人，只怨經濟唔好。但有些扎鐵工，也會跟着判頭和蛇頭，對曾燈發不滿和起鬨。這是發生扎鐵"工潮"的背景最深層原因。

這事件的觸發點，竟然是經濟開始恢復之時。這點是扎鐵商會諸公萬萬想不到的情況。但創會會長蕭樹強例外，因為建總收到了一張他傳真給商會，但工會也同時"意外收到"的，表示贊同工人（實質是判頭為主）的函件！

在建總屬下的扎鐵工會而言，初期認為事並不複雜，只是恢復停頓了十年的加薪談判（實際是工會與商會溝通後制定工資參考價而已）。按過往的傳統經驗，談得攏，就一齊出加價紙（即加薪通知）；談不攏，則工會單方面出通告，反正只是談扎鐵工中的散工工資，另外兩類、即為扎鐵公司打工的長散工和尼泊爾裔工人，歷史上從來不在工會所代表的談判之列。（註：這點是讀者首先必須理解之處！）

下面是66天事件詳細發展的過程，事件中究竟有多少扎鐵工人罷工（不包括判頭、蛇頭和其他非扎鐵工種工人）？讀者可自行分析，本人只提供我所知、所見、所聞的內容。加上職工盟事後出版的《鐵杆起義》（千個扎鐵工人的36天）和《鋼草根扎鐵花》（2007年扎鐵工潮文集），職工盟出版的《團結不折彎》——香港獨立工運尋索40年第四章　進一步媒體有限公司2012年8月

版），加上還有時任政務司司長唐英年對譚耀宗所言內容等等，作為本人的論據，供讀者參考。

# 發動罷工團體的特點和背景

　　事情在66天內為何如此發展？這裡面有一個行事邏輯的背景，即職工盟的工作方針和路線，「工作間的戰場失卻，工運更感到需要與其他社運團體連結。」（周奕：《香港工運史簡編》第282頁，利訊出版社2013年7月版）。蒙兆達下面那番話，道出了當前職工盟的難題：蒙兆達講得很白：「基層難以組織起來，亦欠缺幹部，所以只能另尋途徑。」前兩句指的是基層欠缺組織能力和做事的幹部，這雖是事實，卻不是絕對；最後那句話所說另尋途徑（需要外間的力量來支持早已成為職工盟的會策和指定動作。），這註定了扎鐵事件要按職工盟的方針和路線而行，這就是36天發展趨向的關鍵所在，這一點恰恰是工聯會和職工盟兩個集團工會行事作風的最顯著分別之處。

　　正由於上述原因，扎鐵工潮發展到後期，出頭露面的"罷工"工人顯著減少（見職工盟出版的《鐵杆起義》第46頁　華仔....最傷的就是見到自己的朋友去開工！華仔出盡九牛二虎之力勸止不要開工，工友都不聽。.....　第47頁　之後數天，眼見參與罷工的工人越來越少，掃場時衝突越見升級，....！）。

　　如前所述，這次紮鐵工潮的「社運化」：職工盟、街坊工友服務處（下稱街工）、社會民主連線（下稱社民連）等街頭運動戰士，確實是動員了他們能夠組職的力量，包括：學術、文化、宗教、婦女、社區、政治等不同界別出來聲援。奇怪的是，職工盟屬下的其他工會行動不多，反而是學術界、文化界，還有天主教和平正義委員會先後多次發表聲明作出聲援，還有一個激進團體叫做「大學師生監察無良企業行動」。所以，這次扎鐵工潮是職工盟推行的工運「社運化」的實驗場，要整死曾燈發這個判頭，所以通知各路人馬盡快到場，主要是擔心工聯會和扎鐵工會的談判有所進展！在罷工集會現場，所有團體帶領扎鐵工人遊行，在八號風球下仍圍堵地鐵站甚至堵塞交通。

　　至於另一個重點分析，是發生扎鐵工潮的實際原因，基本上是勞資矛盾因素較少、而"資資矛盾"因素較重，這是扎鐵工潮發生的根本起因，主導了往後事件發展的方向。由於某一派判頭藉着談判調薪時，刻意推出高額加薪要求，企圖令到他們的一個競爭對手——大判頭商曾登發蒙受巨額損失，蓄意激化事件，所以這些人很努力地通知包括職工盟在內的、能夠通知得到的激進團體介入，務求把事件搞大。

　　李卓人曾經說：「這場仗開始時，我不在香港。坦白說，我在意大利度假，浸淫在古國文化藝術、美食之中，不知香港原來發生了扎鐵工人罷工的大事（應該是手機都關掉了吧？）。我在8月11日星期六回到香港，一出機場開電話便收到同事通知我扎鐵工人正在躺馬路，中環情況一片混亂。」（《鐵杆起義》第61頁香港職工會聯盟出版的鼎豐文庫。）

　　《鐵杆起義》第76頁則介紹了吳冠軍、潘文瀚、蒙兆達三位職工盟幹事和「街工」麥德正等四人在事件中的感受，內容頗有趣，讀者可看看四位年青人當時的「心聲」，比對本人所言，應該會有更深入的分析和結論。

　　扎鐵商會會長曾登發之所以成為被攻擊的靶心，如前所述，是因為他一直以低價落標搶奪本已不多的工程，遂引起很多扎鐵判頭的不滿。倘若此次加薪談判，能夠推高加薪額並即時支付，那麼曾登發手頭上尚未完成的工程，勢必會嚴重虧損。

　　李卓人在《鐵杆起義》第63頁中，不經意地也道出了實情：在分制制度下，扎鐵商已用低價投了標，中途要加人工，他們可能要蝕入肉，或者要大判頭甚至發展商填數。建造商已表明擔心骨牌效應，即扎鐵工人的加薪會波及其他工種，明示暗示都要企硬。這就是無論"罷工"多少天，扎鐵商會始終不為所動的最主要原因；另一個相當重要的原因是，真正罷工的扎鐵工人不多。證據之一，大約是"罷工"開始了大約一星期左右的某日，時任政務司司長的唐英年，曾對譚耀宗說：「亞譚，你們罷甚麼工呀？政府了解過全港的地盤，扎鐵工要幾多有多，並無工程受影響和延誤喎！」。阿彌陀佛！唐英年連誰在操作這事件，都還未搞清楚！香港人有福了，如果他當了特首我們怎辦？

　　值得注意的是在罷工的第二天（8月10日），梁國雄帶領的那支隊伍遊行，沿途喊著：「曾燈發、揸爆佢」的口號（見職工盟出版的《團結不折彎》第226頁）。「曾燈發、揸爆佢」恰恰是這場"工潮"的實質意義所在。這句口號折射出一個大問題：職工盟是否與扎鐵判頭的另一派（即是意圖藉此搞垮曾登發的人）早已達成默契？為什麼他們把矛頭直接指向曾登發？而並非集中目標在爭取加薪？

　　為什麼曾登發（註：「曾登發」是正名，不過傳媒多寫成「曾燈發」）敢於以低價競投工程？原因是勞資每年商定的工價只是「參考價」，這個參考價只在計算工傷賠償金額時，作為計算賠償金額的根據而起作用。除此以外，就要看地盤的大小、工期的長短而有所不同，倘若遇上趕工又缺人的話，判頭會每工多付一、二百元。由於工序關係，扎鐵工的開工日數很不穩定，一般來說扎鐵散工一個月只有10-16天的工作；倘若有判頭能讓他們增加每月的開工日數，他們就會願意接受較低的工價，總收入有所增加，不過要付出較多的勞動。曾登發就是採取這種經營手法。工潮一開始就把曾登發列作箭靶，這個舉動本身，就很值得令人對此多加深思。

　　上述兩大重點是這次扎鐵工潮的性質，接下來還要具體了解矛盾發展的過程，包括：工價調整的機制，還有扎鐵工內部的生產關係。

# 建築行業的勞資關係特點：

　　歷史上，建造業被稱為「三行」，始自清末民初，或可能更早。當時確實只得三個行業，即：坭水、木工、打石。據香港油漆總工會的資料說，我國生產的漆油品種不多而且應用不廣，一直以來油漆工作都歸入木工範圍，自從外國漆油被引入而且廣泛應用之後，油漆工始獨立成為一個行業（工種）。喉管工也是如此，因為早年的房屋都是磚瓦結構，沒自來水，也沒有下水道。自從房子改為鋼筋混凝土，越建越高並且需求大增之後，從業員大量增加，分工越來越細之後，現在整個建造業已分為20多個專

業工種後，才包括扎鐵業。

香港建造業各個工種工會的運作模式，原是內地模式的複製，他們維護本工種(行業)工人的權益，並且代表工人與老闆溝通、簽訂合約，早期雙方都是嚴格遵守行規的。香港建造業各工種工會，現在可以查找到的資料，最早遠溯到壬戌年（1922年）搭棚同敬工會與聯義堂（即搭棚商會）簽訂的合約，其內容除長、散工的工資金額之外，還有半工的工時和工資、夜工的工資福食，以至每日及禡日的餸菜金額等等，訂定得十分詳細。這份合約有兩點內容值得留意，一是全港各棚號僱用工人必須由搭棚工會直接介紹，而工會必須「告誡同人」聽候店東調遣，工程緊急必須協力工作。這說明工會當年有一定的權威，不過也有一定的責任。第二點規定將來勞方若要求加薪或其他要求，必須在六個月前發出書面通知，將來取得協議則以發函之日起，六個月後方能生效。可見95年前的搭棚判頭都知道若要增加工資或福利，都要在完成手頭上的合約方能答允勞方的要求。

三行的老工友說，當日大家都自覺地遵守這些勞資協議，其實有部分工友沒有加入工會。說起來很好笑，有的以為做這一行就歸工會管，有的以為參加了工會的一個活動就是「工會的人」，他們不知道加入工會是要辦手續和繳交月費的，不過，說到底，大家都尊重合約精神。這個情況到上世紀70年代就發生變化。

上世紀70年代，是二戰後出生和成長的一代，加上大量從廣東農村來港人士。大量勞動力進入職場，這批當年的年青人，比他們的上一輩優勝之處是較有文化，起碼是小學畢業，相當部分的年青人做不了白領工作，形成了重體力勞動的供求趨向平衡狀態，加上香港的經濟在上世紀70年代初製造業蓬勃發展，香港成為了四小龍的一員。勞動市場的供求發生了改變，勞方開始有些話語權了。幾十年來前輩們長期與資方談判而制訂的「行規」，轉而很多是趨向根據市場規律來調整。但工會和商會溝通協調之後的工資(實質是參考價)傳統，仍然無變。

介紹了傳統的「工價調整的機制」之後，必須向讀者解釋扎鐵工內部的生產關係：半個世紀前的扎鐵工，在「三行」之中屬

於工資偏低的工種，原因很簡單，扎鐵工的技術含量不高，卻是重體力勞動。當年出賣勞動力的工人多的是，所以他們的工資只是比地盤雜工略高一些而已。隨着樓宇越建越高，扎鐵工要把幾十斤重的鐵枝抬上高層工作，日曬雨淋，體力的消耗很大，沒有多少人能吃得消，加上香港勞動市場中，重體力供應量的供應逐步減少，扎鐵工的工資隨之逐步上升。

扎鐵工的工資上揚，除了上述原因之外，還有一個很重要的因素，他們的開工日數不多，除了颱風、下雨的天氣變化不能開工之外，因為工序的安排是：扎鐵完成之後，釘板工人進場，釘板工作完成後，開始由泥水工灌注水泥，整個工序需時一個星期（視乎地盤大小）。即是說，他們花上兩天完成扎鐵工序之後，就要停工數天才再上上一層頂樓開工。理論上他們可以在停工期間，可以做另一個樓盤的工作，但實際環境不會這樣理想。其他工種還可以做室內裝修等工作，只有扎鐵和釘板、混凝土這三個工種只會做建造樓宇結構工程，不適合做其他工作，所以他們每月的開工日數不多，因而他們的工價就比其他工種都要高些（還加上重體力勞動），才能維持生活。

扎鐵工大部份是散工，他們尋找工作要靠別人介紹，這些介紹人俗稱「蛇頭」，行上約有廿多名蛇頭，他們要有一個樓宇單位做落腳點，用作招呼手上的扎鐵工人，這些地方俗稱為「蛇竇」，旺角砵蘭街一帶就有多個蛇竇。在無工開的日子裡，扎鐵工就去到蛇竇看電視、賭錢或睡覺。筆者在1992年建總籌組扎鐵工會時，曾經跟隨後來擔任工會主席的李弟、和建總的馬清高等前輩去參觀過幾個蛇竇。其作用是有工程做，需要工人時，判頭會向蛇頭要人，蛇頭則據此派出工人並賺取人頭費。扎鐵工依附於蛇頭，而蛇頭手上亦有一批工人名單以便隨時派工，從組織關係來看，實質上蛇頭是工人的小組長。蛇頭不是管工、也不是僱主，本來不向工人抽佣（佣金由判頭支付），若是判頭把工程再判到三沙（即第二、三分判判頭），三沙給蛇頭的佣金會減少，蛇頭轉向工人抽佣金。這個關係網就是扎鐵工人內部的組織結構。

還要補充一點，過去每年習慣的調薪是由蛇頭與扎鐵商會協議，自從1992年組成了扎鐵職工會（工聯和建總屬會）之後，調

薪的談判轉到扎鐵工會與扎鐵商會談，而工會仍要拉攏手上有工人的蛇頭出來與商會談判，因為蛇頭了解工友的動向和需求。所以整個下層結構形成一種不穩定的狀態。

　　筆者已經盡了能力，把扎鐵工潮中，錯綜複雜的各方關係，和前因後果盡量介紹，希望讀者能夠了解其梗概。簡單總結一句，職工盟推行的工運「社運化」和"資資矛盾"（見職工盟出版的<<鐵杆起義>>p.38　道風山地盤的扎鐵商很奸，在工人面前就支持工人，跟扎鐵商開會時卻寸土不讓，不願意接受工友的調整薪金和工時的要求，猶如兩副面孔）是引發此次"罷工"事件的最主要因素。很多證據顯示，有些扎鐵判頭，是想利用事件去整死某些（如曾燈發、梁志光）有大量工程合約（以低標價取得的）在手的判頭。這是判斷"資資矛盾"的根據，也是這次"工潮"的實質。

　　上述兩大因素組成了這次工潮的骨骼；其次的工價調整的機制和扎鐵工內部的生產關係則是肌肉。依據這個邏輯和脈絡，來觀察整個66天內發展的所有事情，就不會受到罷工的表面現象所蒙蔽了。

　　在敘述整個工潮發展之前，還有一件前提必須了解，一向難以凝聚團結的扎鐵工人，為什麼此次會噴發怒火，原因在於廿多年來扎鐵工的工資升降變化。許多人都知道香港的工資（包括物價）都是只升不跌，可是扎鐵工人的工資，有很長的一段時間是處於下跌的狀況的，請看看下面的工資圖表。

## 十多年來扎鐵工人工價的變化

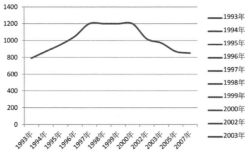

＊圖表中2002/2003/2005這三個年度是市場價，分別為：
　$1020、$970、$870。

　　歷年工會和商會協商、溝通、談判後的散工參考價：

1993年790元　　　1994年870元　　　　　1995年950元

1996年1,050元　1997-2000年1,200元　2001至2006年沒有公佈

2007年860元（註：工潮結束時所議定的工價）

資料來源：建造業總工會歷年公告

　　為什麼會出現工價劇跌的情況呢？這裡要簡述一下該段期間的社會經濟情況。如前所述，港英在撤出香港之前，宣佈會動用因為樓、股狂熱，大量因印花稅收入大增和賣地而來的龐大財政儲備，花了1700億在赤鱲角興建新機場。據聞英國的工廠迅速收到大量訂單！1992年正式動工，計劃在1997年6月30日前完成，所以工程是全速進行，不計成本地日夜趕工，因此拉高了扎鐵工和建造業各工種的工價，偶然甚至比工會的規定增加逾倍。

　　1997年時，工會與商會協議工價是1,200元，這個標準在隨後三年因經濟逆轉而一直原地踏步。繼而到2001至2006年這六年間，工會與商會甚至沒有公佈工價！即是說勞資雙方無法協議（原因是社會經濟嚴重下滑，無可言“升”，工會也不可能言“減”），任由市場機制自由調整，似乎是唯一的選擇。換言之，從1998年到2006年這九年間，基本上沒有一個工價參考準則，其原因是1997年的亞洲金融風暴、2003年的「沙士」（非典型肺炎），還有2004年的禽流感，其中最主要的是亞洲金融風暴的影響。

　　亞洲金融風暴使到亞洲各個國家和地區的經濟遭受嚴重打擊，紛紛進入大蕭條狀態。香港雖然貨幣不致貶值，但是人均生產總值（GDP）應聲下跌，幸運的是跌幅不致很大，到2002年的人均GDP是24,340美元，比對1997年的27,055美元，只是下跌了10%；本應可以止跌回升，想不到接着來了「沙士」和禽流感。捱到2006年的GDP始回升到27,466美元，即是回到1997年的水平。

　　回過頭來看看扎鐵工的工資，2007年工潮發生前是750元（市場價），與1997年高峰的1,200元（工會價）比較實際是下跌了37.5%，這個比例跟GDP只是下跌10%相差太遠。當然，扎鐵工友不懂得什麼GDP，他們只知道今天已經是2007年了，而他們的工

資卻是回到1993、1994年的水平，社會對他們不公平！他們從實際接觸中已感覺到，別的行業經已止跌回升（2006年部份行業經已回升了），可是他們的工價為什麼不能回升呢？於是產生了憤懣的情緒，有人將之歸咎為曾登發以低價投標（曾登發大致是以700元左右的工價作為計算標準）所致，這論點扎鐵工友都接受！

# 扎鐵工潮的過程：

　　談論扎鐵工潮，一般都說是36天，這是從傳媒開始關注和報導的日期來計算，即是指鬧得滿城風雨的"罷工"日算起。從建總和扎鐵工會而言，其實應該從商會主動向工會提出加薪的7月9日開始算起（這段時期的故事，所有的傳媒都有意無意地忽略了，因為未有人喊出"罷工"兩個字！）。前期工會和商會的談判長達30天，期間暗湧不斷。所以全過程應是66天，並非36天！工聯會的內部分析報告，把整個事件共66天，分為四個階段。

　　**由2007年7月9日至2007年8月7日是為第一階段：工潮醞釀期。**

　　7月9日香港建築扎鐵商會主席曾登發等5名會董及秘書，主動向工會提出，扎鐵工加薪至800元。當時工友實際收取750元左右，即實際加薪50元，但要到11月份才實行。本來，多年行業習慣，加薪是從8月1日算起的，扎鐵商會這次提出要推遲三個月。他們的意圖很明顯，要把工會同意的「新工價」，拿去落標投新工程，同時用舊工資完成手頭上的合同。扎鐵商會的主流派沒有想到，這三個月的延後加薪建議，會變成扎鐵工潮火藥桶的一枝信管。

　　如前所述，扎鐵業的加薪方案，只是作為該工種今後承投工程落標時的指導(或曰參考)工資額。實際上工友得到的工資，會根據開工時行業的旺淡、人力供求狀況而會有所增減的；此外，工人也有實際上技術的高低、手腳的快慢（生產力）之分而略有不同。行外人雖然不清楚、但行內人心知肚明，這是操作的慣例。但居然使這次「談判」弄假成真，成為工潮的火藥引。

　　多年的習慣，扎鐵商在制訂來年的工資金額的時候，會徵求

同業和工會的意見，肯定的是商會主流派，肯定要把他們那個幫派的利益作為考慮前提。他們之所以提出延後三個月始加薪，明眼人馬上看出，他們無非是首先把手頭上進行中的工程完成而已。所謂11月1日起加薪50元，無非是將來的落標價而已。倘若從8月1日起加薪，不管實際增加多少，對他們那派人來說都會蒙受損失或者是利潤大減。換而言之，8月1日加薪是某些扎鐵判頭的「死穴」。

這次加薪談判原是「例行公事」，由扎鐵工會主導(對上的領導是建造業總工會、再上面是工聯會)，事發起初一個月，因為是例行公事，所以沒有告知工聯和建總。扎鐵工會組織了一個談判代表隊伍，他們也是依照歷來的慣例，這個代表以蛇頭為主，原因是扎鐵工歷來鬆散，絕大部分工人都是依賴蛇頭，所以蛇頭隱然成為工人代表的主力。

還有一點必須再次加以說明：正如前述，扎鐵工人分為散工、長散工和南亞裔三種工人。所謂「長散工」是指工人長期為一位固定的僱主（判頭公司）工作的，工資是按開工的日數計算，不過僱主有責任給予較多的開工機會，所以日薪工資略低，但收入會比較穩定；散工則是流動性很高的工人，工作的日數和地點飄泊不定，工會和商會談判的參考價，主要是針對這類工人；至於南亞裔工人的工資最低，約400-500元一天。傳統以來，工會只是代表「散工」去談判，制訂一個參考工價。至於後兩類扎鐵工人，歷史上從來不列入商會和工會討論和談判範圍的。

扎鐵工會習慣每次與商會談加薪時，都會與6-8位手上比較多扎鐵工人的蛇頭溝通，徵求他們和其手上工友的意見，於是這批蛇頭就經常和自然也成為「工人代表」，請看看這個談判代表名單：

陸君毅（扎鐵工會主席、建造業訓練局前導師）

楊逢春（扎鐵工會理事、曾做蛇頭）

羅　平（扎鐵工會理事、蛇頭）

馮建成（蛇頭）

吳炳耀（大蛇頭、綽號爛賭二、後來的扎鐵團結工會主席）

張昇球（扎鐵工）

侯太樂（自言每晚玩電腦至凌晨4點的人）

黃顯華（扎鐵工會理事、行動糾察長、扎鐵工）

建議讀者們可參閱職工盟出版的《鐵杆起義》這本書，對照一下書中描述的重點人物，對照一下名單，會更容易理解整件事的真相。

理解了行業工人的背景和分類後，大家可以明白：事件開始之初，扎鐵工會的處理手法為何如此粗疏。

這次加薪談判從7月9日開始，工會與商會先後談了六次，爭執很大。工會為求成事，7月20日與蛇頭們組成了聯席會議，但是沒有想到的是蛇頭與判頭的關係千絲萬縷，某些蛇頭把另一幫派判頭的企圖帶了進來，左右了談判的方向。於是工會的談判代表向商會開出相當高的要求：一、加薪至950元。二、8月1日開始實施。三、恢復8小時工作。請注意，這三點都是要把曾登發置諸死地。

扎鐵工當時實際只能拿到750元左右，比1993年的工資還低，他們都希望能夠大幅度加薪，稍舒窘境。這個消息進某些扎鐵商的耳中，由於他們長期標投不到工程（應是相當一部分給曾登發低價搶了去），倘若在8月1日實行950元工價，對他們毫無損失，而曾登發手上的地盤都要超出預算，所以這一批扎鐵判頭就推波助瀾。有一個傳說，某位判頭甚至拿出六個位數字的金額來支援"罷工"。這就是我在上面所說8月1日是某些商會扎鐵判頭的「死穴」。試想想，曾登發等判頭，手上的工程是用700元左右價錢落標取得的，如果由8月1日開始實施，則每工起碼要賠上200元，這些人就是要使曾登發摔個大跤，也可以解釋得到，罷工的第一天，靠背壘道罷工現場，出現了這樣一幅橫額：「整死曾燈發，大家有飯食」。

勞方提出的第三項恢復8小時工作是有所指的，這件事源於早幾年工程淡靜的時候，資方答允採取較小幅度減薪的附帶條件是增加勞動時間，經過幾個回合談判，既減工資，而工作時間增至八個半小時。香港夏天的天氣潮濕悶熱，扎鐵工在露天工作，日曬雨淋，體力的消耗很大，已達致極限。工程淡工作量少不得

不屈從接受，今天趁着這個機會要求恢復八小時工作。

由此，大家可以理解到勞方提出的三項條件，950元是工人之憧憬，8月1日實施其實是「項莊舞劍」，八小時工作則是眾人之願望（後來更是縮為15分鐘之爭！）。為什事件後來變得無法解決呢？根子就是"資資矛盾"，有人刻意把水攪混。

以下，是具體日程表：

8月1日（三），12名判頭和蛇頭，加上個別工人，衝上工會，要求工會發動罷工行動。工會的應對是：還是先談判，看情況發展才考慮行動。故再約商會開會，日期定於三天後，即8月4日。

8月3日（五），工會收到扎鐵商會創會會長蕭樹強發給商會的傳真信，內容大致是工會的要求並不過分，由於沒有時間開會，所以書面表示同情工人要求之意！資方的內部通信竟然會傳來工會，其內容竟是同意勞方要求，這不是很奇怪的事情嗎？但工會此時只當是誤傳來工會，並沒有引起足夠警惕。事後查悉，這幾天來，扎鐵工人之間有許多傳聞，因而推高了部分工友堅持「950元方案」的決心。

8月4日（六），工會開始與商會談判，工會和蛇頭的聯席會議，提出的「底線」是：8小時工作、900元日薪（即下調了50元）、2007年8月1日實施。商會找來了17位會董和判頭出席；而勞方足足出現了43人（其中分別有判頭、蛇頭、扎鐵工三類人物），雙方加起來共有60人之多。人多口雜，已經不像是談判會議而是壘馬了。事實上，也真的如此，雙方南轅北轍，無論在工作時間、銀碼、實施日期等三方面雙方都距離甚遠。會上，開始有人不斷針對商會會長曾登發。結果，當然是不歡而散了。

8月7日（二），工會與蛇頭在工會召開第二次聯席會議，商議對策。有人召集了120多人衝上工會會議室，不斷對工會提出各種要求、最後還是作出了議決：包圍曾登發手上最多扎鐵工人開工的靠背壟道（原警察宿舍）地盤。這個時候，工聯權委開始發覺：我們正在為一個並不是工會組織和發動的行動作背書，這個行動名義上是工人自發，實質上，是扎鐵工會的招牌被人家利用。

　　開始行動之日，距離商會7月9日主動向工會提出加薪建議，剛好一個月。事情發展到這個地步，工聯會和建總的分析是：事件性質已經發生變化，由初期的「勞資矛盾」明顯地轉為"資資矛盾"了。還有，激進的各方勢力已經被通知滲透進來。扎鐵工會的負責人此時竟然未能察覺出來，這是由於慣性的思維和操作習慣的緣故，其中一個原因是有一小撮的扎鐵工(判頭、蛇頭)相當激進，每次加薪談判他們都不滿意，老是吵鬧，以致工會負責人麻木(因為在建造業訓練局任導師和在工會工作多年？)而欠缺冷靜分析，尤其是"資資矛盾"，其實是在許許多多的三行建築工潮中，是並不罕見的事情。

　　正正是這種行業特點，筆者雖然任工聯權委主任十多年，但當接到有人通知，有某個地盤有工人罷工、封馬路，拉起「有汗出，無糧出」的橫額抗議時，我都會通知建總派人去處理，而我是甚少、極少到現場的。理由很簡單，當建總的人到場後，他們很快便會知道，在靜坐的，誰是判頭、誰是工友，是否真欠薪？還是判頭在背後，推動工友出來搞事的商業糾紛？我不是行內人，根本不具備這種分辨能力，所以我有自知之明，甚少到場處理建築行業工人欠薪糾紛的！

　　如果職工盟的年青人比建總更早到現場，而事件屬判頭之間的矛盾的話，那便只有被好好「利用」的份兒了！

　　回到扎鐵事件來，譚耀宗曾經這樣分析事件的性質：「我們是帶領著一班完全不受指揮的人，用最激烈的方法，去爭取不可能的目標！」

　　我也在想：經常習慣於處理勞資矛盾的工會，怎可能去處理充滿商業利益爭鬥的"資資矛盾"呢？

　　**8月8日至8月13日是第二階段：行動階段期。**

　　8月8日（三），百多名工人在靠背壟道原警察宿舍的門口聚集，另外，工會、判頭、蛇頭、工友拿着橫額，在靠背壟道地盤門口示威。這是所謂罷工的第一天。值得留意的是現場出現一條橫額，上面寫着「整死曾登發，大家有飯食」、「曾登發　吸血鬼　壓榨工人」(註：自治八樓出版的《鋼草根　扎鐵花》第26頁圖)，這些標語的出現和矛頭所指意味着什麼？加薪談判竟然要

搞垮一個判頭？

8月9日（四），罷工第二天，在地盤門口聚集了二百多人，其中有多少人是扎鐵工人？我們不得而知，不過明眼人可以鑑別出其中混雜了不少並非扎鐵工的人，因為職工盟和很多唯恐天下不亂的各種非政府組織團體，應某些罷工隊伍中人通知，已經「被邀請」到來。職工盟幹事吳冠軍等人到場時，已經租了旅遊車，把在現場的工人拉去遊行示威。在現場的政治團體：起碼有社民連、四五行動和街工梁耀忠等各方人馬。

8月10日（五），激進政團社民連的梁國雄（長毛）和四五行動的人帶領在場的「罷工工人」，遊行去油麻地地鐵站，在站內靜坐。適逢當天刮颱風，天文台掛起了8號風球，市民們趕着搭地鐵回家，他們卻在站內製造混亂，引起廣泛不滿。警方曾經扣查數名職工盟幹事(職工盟出版的《鐵杆起義》第92頁)，不過後來沒有起訴他們。

8月11日（六），職工盟幹事潘文瀚在《鐵杆起義》一書第71頁是這樣描述遊行隊伍的：與近千名扎鐵工人興高采烈地遊行到政府總部，出發時，工友都好高興，一路嗌「曾燈發食屎，長毛萬歲」。及後又衝落雪廠街與皇后大道中交界處堵塞馬路，中區及灣仔一帶交通幾陷於癱瘓，多條巴士線要改道，擾攘四小時後工人始散去，這些人手持的標語牌都是職工盟和街工的。此時，據說時任勞工福利局局長的張建宗想出面調停，但被勞工處內有長期勞資糾紛經驗的同僚勸阻，理由很簡單，誰出面調處也無用，當前的局面不是一個局長可以擺平的，因為無人會買單付鈔。

8月12日（日），這是一個關鍵性的日子，這一天的輿論，強烈批評工人在中區鬧市阻礙交通的行為。當日，在政府的拉攏下，勞資雙方舉行了一次冗長的會議，最後，資方讓步並提出一個新方案：日薪由800元加至850元，明年8月再調升至950元，工作時間由八小時半縮減至八小時十五分。勞方代表認為工人不會接受，於是由扎鐵商會單方面在晚上發出通告。

工會之所以知道工人難以接受，是因為此前建總的負責人在與蛇頭開會時，多數蛇頭堅持950元絕不退讓。他們是最了解本

工種運作的人，這樣的"堅持"，其實背後的目的，就是冀求談不成！事情很明顯，意圖「整死曾登發」的那個幫派已經成型，他們蛇頭的推波助瀾，還是有"群眾基礎"的。

當晚，工聯和建總、各工種工會的負責人（譚耀宗、陳婉嫻、筆者、王國興，建總的負責人蔡鎮華、馮堅礎、鄭國祥、植錦雲、鄺達明、劉志強，還有權委秘書葉偉明等）開會，我提出：鑑於事件的變質，建議應該作出決定：實行「總的撤退」！得到大部份在場開會的人同意、包括扎鐵工會主席陸君毅。

有些報章說，工潮已經被職工盟「騎劫」，這說法不大準確。首先是這次談判已經變了質，倘若我們堅持下去，無非是為狙擊曾登發那一派當爛頭蟀而已。其次，職工盟從所謂罷工的第一天開始已經明顯介入，我們無法了解職工盟事前是否與另一派判頭有多少默契，反正他們已經聚集了一批激進分子在他們的旗幟下，以擾亂市民的正常生活的行動，到處亂衝亂闖，實際上與狙擊曾登發者相互呼應。我們作出這個決策時，腦袋中的分析是，確實事件已不純是勞資糾紛了，既然是判斷這實質是「資資矛盾」，那就「把包袱丟給別人」吧！

之後，我們唯有靜觀其變，看看職工盟和這些團體，能耍出什麼花樣來。其實，他們攻擊了工聯會多年，他們那一套大家早已見慣了。

8月13日（一）扎鐵工會主席陸君毅召集現場的理事取得共識，同意退場。筆者則與建總內其他工種，包括油漆、釘板、水喉、泥水等工會負責人，匯報扎鐵事件的發展，同時了解其他工種工友們對加薪的期望，因為「牽一髮而動全身」，建造業各個工種的加薪調整是相互影響的。

果然，就在這一天，陸君毅及馮堅礎早上到場時，被部分工人指責與商會談判是「黑箱作業」，甚至向工會代表潑水及吐口水。為什麼選擇8月13日這一天撤出？原因是在第一階段的談判中，群情洶湧，不少人吵着要採取抗議行動（可能背後是另一派的判頭和蛇頭在煽動）。事後檢討，扎鐵工會承認，按以前三行工友的規律，每一天都是錢！所以當日認為這些工友，最多是「三分鐘熱度」，按以往工會的經驗，罷工能堅持多少天？。由

於是工會出面向警方申請，靠背壟道地盤為集會地點，8月13日是批准最後的一天，順理成章，就此撤出現場。

8月13日勞工處安排了唯一的一次商會和在場人士的會面，事後一如我們所料，根本不可能有結果，因為雙方目標完全相反，不歡而散是可預見的。

### 8月14日至8月26日，第三階段：快速演變期

8月14日（二），扎鐵工會撤出後，職工盟馬上「接棒」，由其屬下「建築地盤職工總會」（下稱地盤工會）向警方申請該地為集會地點。所以在我方角度看，職工盟並非騎劫，而是接上這個燙手的山芋，即是把有不同目標的人，在他們的旗幟下去繼續了。

當日在現場的有好幾百人，當中有多少是扎鐵工人？我們無法分辨。因為除了參加罷工的扎鐵工之外，有看熱鬧的、各方各派、其他工種的、...，還有不少嚮往職工盟「社會公義」的知識分子和學生，其中不乏工潮一開始的時候就到現場作實地考察、調研，據說有的還要撰寫學術論文云云。我曾經在網上拜讀到一些「鴻文」，一言以蔽之，除了「堅離地」之外，就是充斥着生活在象牙塔中的文藝腔、學生腔。從工會運動的角度而言，看了等於無看，除非打算學習寫言情小說者例外。

表面上工會和建總是撤退了，但是實際上，我們在現場還留下了好幾位平時不大公開露面的年青同事，一來點算一下我們撤退後的人數變化，二來了解在場的扎鐵工人的情緒，三來了解局面的新發展，如有突發情況立即向工會報告。反正當時龍蛇混集，到處都是亂哄哄的，作工人打扮也好，作知識分子裝扮也好，都可以隨意走動，所以我們派出的「參與者」，從未引起懷疑和干預。

必須了解，為甚麼在靠背壟道曾登發手上最大的建築工地現場外面，始終有百多二百人坐在該處聲稱在"罷工"呢？因為靠背壟道的"罷工集會"場地，應該是代替了蛇竇的功能，即是無工開（這還算罷工？）的工人去靠背壟道靜坐和休息，這是某些蛇竇所起的作用。有工開的去了開工，到暫時無活可幹的時候，又來到靠背壟道的現場，究竟有多少人是真正罷工的？是沒有

人能夠計算出來的。即是說，真正參加罷工者到底有多少？天曉得，這是真真正正的天曉得！因為扎鐵工人很特殊，再加上依靠蛇頭們的「工作機會關係」（建造業其他工種只有判頭和工人的關係），所以從來沒有人能把他們捏成一團而形成一股堅強的力量。

輿論界經常批評特區政府的官員「官僚」，不過，某些具有豐富勞資協調工作經驗的官員（主要是勞工處），已經嗅到這場工潮將會發生某種變化，並且透過某種渠道把訊號發放出來。

在職工盟接棒前兩天，8月12日《明報》刊登一則「港府消息人士」的講話，這段短短的講話有兩個重點：第一、「工潮陷入僵局的原因之一是因為工潮已遭非傳統工會人士『騎劫』」。第二點很重要：現在不是加薪問題，「而是遊戲規則的問題，港府不希望勞資談判的『遊戲規則』遭破壞，否則扎鐵工人的工潮將只是第一波，建造業『其餘33個工種，逐個不按遊戲規則行事』，後果將極嚴重。」矛頭直指職工盟此舉的真正企圖！

這則消息刊出之翌日，即8月13日，建造業商會發表公開聲明，強調不能負擔工人提出的950元的要求，否則會使大量建築公司倒閉。為什麼建造業商會要發表這個聲明？原來當日李卓人會見了建造業商會會長黃天祥，建造商會的聲明就是會見的回應。

建造商會跟扎鐵工潮又有什麼關係呢？發展商手上有地皮要興建樓宇（下稱發展商），要由建造商承包了整個建造工程（稱為總承建商），然後把各個不同的工種層層分判下去，扎鐵商就是其中一個工種的專業分包商。李卓人當然明白其中的關係，故相信他亦了解，扎鐵判頭只能依據當日的投標價左右發放工資，倘若承建商能夠「網開一面」，給予扎鐵判頭一筆額外撥款，那就一切問題都解決。但想不到黃天祥一口拒絕。為什麼黃天祥一點商量餘地都無？問題很簡單，其一是合約精神；其二是漣漪效應，若是扎鐵工額外加工價，那麼其他的工種呢？當日評論報導是，黃天祥"態度強硬"。

儘管前途並不明朗，職工盟還是在14日接過這個「燙手山芋」，因為這是難得的表演機會。李卓人現身靠背壟道，表示接

受罷工紮鐵工人的「邀請」，領導這次工潮。

8月15日（三），下午張建宗再找譚耀宗談。我方的多位工聯、工會負責人繼續在傍晚碰頭，一致的結論仍是保持密切關注，繼續派出工作人員在現場監察。

8月16日（四），在勞工顧問委員會勞資雙方歡送葉澍堃離任勞工處長的飯局上，資方代表何世柱（代表地產商）罕有地勞氣說：建造商會絕不讓步，停（罷工）就停喇（應是對可能發生效應的回應）！此飯局，李卓人和梁耀忠曾到場，但逗留時間很短。

為什麼大老闆們揚言不怕工人罷工呢？說到底這次紮鐵工人有多少人參加罷工呢？職工盟蒙兆達聲稱，全港3,000紮鐵工有七成響應罷工。事實上，單看靠背壆道現場，報紙每天的報道是二、三百人，最多的一次是600人，但其中有多少是真正的紮鐵"罷工"參與者呢？勞方和資方大家都心中有數，建造業商會會長黃天祥說出了關鍵問題。政府也做了全面調查。

建造業商會是承建商的組織，亦即紮鐵判頭的上層老闆總判頭。黃天祥在出席電台節目時說，全港動工的地盤有200個，其中60個地盤因此次事件而停工(應是其中某些日子)。無疑地盤有大有小，簡略地推算受到影響的比率是30%。黃天祥又說，工程延誤，承建商是要賠償的；不過，合約中有「不可控制」的免責條文，希望發展商寬大處理云云。

過了幾天，地產商會（發展商）發表聲明，表示理解發生了工潮，發展商不會向承建商追究責任。本來，延期交貨、巨額賠款是承建商和分包判頭的死穴，倘若由於紮鐵工人罷工而導致整個建造工程延誤，紮鐵判頭固然要依約賠款給承建商，不過，承建商賠給發展商的金額更大。現在地產發展商表示不追究責任，那就不可能利用延期罰款的「死穴」來達到目的，堅持罷工就失去了作用。

《星島日報》8月16日刊出一則消息說：「港府消息人士則透露，由於商會在薪酬問題上立場強硬，因此港府已決定停止斡旋。」為什麼政府作出這個決定？恐怕與下列事件有關。日前，勞工處首席勞工事務主任鄭惠瑜去到靠背壆道現場，與李卓人、

梁國雄和4名工人代表談了兩個小時，鄭惠瑜呼籲工人接受商會開出的條件：加薪至850元及維持8個半小時工時，以及明年加薪至950元（即8月12日那個方案）。得到的結果是引來一片喝倒采和謾罵聲！

　　事情發展到這個階段，形勢是：建造商和分判商得到發展商大老闆的諒解，不會遭到懲罰，他們不怕扎鐵工人罷工了！而政府聲明「停止斡旋」。騎上虎背的職工盟只有耍出一貫的三板斧：一曰遊行，二曰去地盤生事，三曰加強“社會化”動作。

　　搞遊行之目的是激昂士氣以進一步凝聚力量。由於剛剛開始的時候他們一再阻塞交通，引起市民很大的反感。此次不敢造次，在遊行前約法三章，不允許過程中有過激的行動，總算遊行能保持和平進行，只是職工盟能夠動員的扎鐵工人到底有限，所以它搞了幾次遊行都是與支持者混在一起，每次都號稱有一千幾百人，又說其中扎鐵工佔了多人？不好說。

　　第二個手法是租了三兩部車輛，運送一批人去幾個建築地盤，呼籲開工的工人參加罷工（即所謂「掃場」）（註：《鐵杆起義》第38、47頁）。正如大家所知道的，正在開工的扎鐵工是不會響應他們的呼籲的，結果出現了互相漫罵、以致肢體衝撞（以道風山地盤沖突最激烈），有人受傷，警察出動。他們又組織一批人，去到澳門的建築地盤呼籲罷工，雖然澳門有些工地僱用香港的扎鐵工，不過香港發生的勞資糾紛與澳門風馬牛不相及，所以實質上這也是無效勞動，這種搞法無非是製造新聞而已。他們之目的就是每天都有「新聞」發生來保持見報以製造和氛圍。

　　第三個手法是呼籲社會人士支持。在“罷工”發動之後，職工盟推動了不少知識分子去到地盤現場附近。不過到了這個階段，他們就動員他們能夠聯絡上的學者、文化界，又是發表聲明，又是到現場慰問，即是要動員他們能夠動員的力量來支援他們。進一步，職工盟在商台宣佈成立了「支援扎鐵工人基金」呼籲各界人士捐款支持（當年還未發明“眾籌”　這個詞！），籌得的款項用於支援罷工、義工膳食、糾察隊交通費及宣傳品開支等。過了兩天，他們宣佈經已收到不少捐款，立即發給罷工工友每人300元，估計曾經罷工而領款者約有500-700人。過去他們

一再說有多少工人參加罷工，到現在，他們講出確實的情況了，是「500-700人」。香港的扎鐵工人數大約是3,000人，一般的估計參加罷工約佔20%。不過，如何確定他們確實是參加罷工的呢？所謂「罷工證明」就靠蛇頭來確認了。

職工盟後來公佈這筆「基金」的開支時聲稱，第一次發放300元生活費的領取者超過一千人，為什麼多出三四百人呢？難道罷工者確實逾千？非也！情況可能是這樣的：扎鐵工人之中有一批年紀較大者，處於半退休狀態（註：《鐵杆起義》第58頁），他們的兒女經已長大，沒有生活負擔，這批人在天氣太熱的時候因工作太勞累不開工，在家休息，聽說有300塊錢可領，這些人就找蛇頭來證明，他們在這段時候確實是沒有出來「工作」的呀，只要跟蛇頭關係好就拿到證明。此外，還有少數的人，他們悄悄地開工，不用工作的時候會去到靠背壟道坐坐，這些人也向蛇頭求個證明。如此這般，「社會人士」的捐款之中，有十萬大元就此開支出去了！

搞了將近十天，到8月23日，勞工處又出面「斡旋」了，被輿論指為「企硬」的扎鐵商會答應恢復談判。不過，商會只願意依照「傳統」的習慣來談，換句話說是把控制着那批罷工工人的人卻不是談判的對象。為什麼會出現這樣的情況？

聞說，港府高層（應該還包括資方代表）的看法，這次罷工證明不會有很大的殺傷力。於是乎就出現下面的情況：勞工處官員扮演的魯仲連到處打躬作揖，扎鐵商會穩坐釣魚船。扎鐵工會雖然不能指揮該批"罷工者"，但是卻肩負着整個行業工人的權益，畢竟沒有參罷工者佔多數。

8月24日（五）傍晚，工聯和工會的多名負責人繼續碰頭開會，為下一步的勞資談判作準備。扎鐵工會主席陸君毅匯報：估計有七成的扎鐵工友有工開，其餘三成沒有工作的會去"罷工"現場聚集，而不會返去蛇竇了。會上反映了有些蛇頭覺得不耐煩，曠日持久又無效果。會上也反映了某些商會理事說工價提升至880元可以考慮，不過要由七方泵水（即各方集資，至於由那七個方面則記不清了），也不反對恢復八小時工作，但商會會長曾登發始終不表態云云。不過，商會比較一致的意見是：不歡迎

第三者加入談判。葉偉明反映，間接地聽到唐英年說：工友採取這樣的對抗方式，只會迫使以後的工程採用更多的預製件了（果然不幸而言中！）。

職工盟知道勞資恢復談判而他們被擯除在外，於是又要顯示「實力」，8月25日宣佈，翌日26日（星期日）原定在九龍舉行的遊行改到港島，由維園遊行至政府總部。這次遊行職工盟大力動員，除了四五行動、街工、社民連和民陣這些街頭運動常客之外，據稱包括由天主教及文化界等40個組織組成的「全港各界支援紮鐵工潮聯合陣線」，顯示工人的訴求得到市民及基層支持，連訴訟黨（公民黨）的藍血貴族都赤膊上陣，在鏡頭前抬抬鋼筋，其實無非是抽水表演而已。警方表示參與者約1500人。

遊行過後，扎鐵商會馬上還以顏色。消息說，扎鐵商會巨頭經商議過後，認為職工盟發起大遊行以推高士氣，到談判時只會討價還價，恐對商會十分不利，遂立刻叫停談判。扎鐵商會耍出這一手是顯示主動權在商會手上，可惜當日的傳媒看不到這一點。主推者手上已沒有多少籌碼，還卻以挑釁行動來刺激對方，令到這樁工潮的解決又再度拖延。

### 8月27日至9月12日，第四階段：終極談判

8月27日（一），工聯會及工會在傍晚繼續召開會議。儘管商會已經叫停，我們還是為恢復談判作事前準備，主要是了解工友們的要求。葉偉明匯報前一天的工作安排：按照決定，分三批會見共50名左右扎鐵工友（其中包括判頭和蛇頭）的情況。由於事件涉及多方勢力和多方利益，有些很強硬、很衝動；有些覺得有經濟壓力，想快些解決。談到具體數字，有兩批人要求加至900元，第三批則要求加至930元；不過，三批人都堅持恢復八小時工作。其中有些人質疑談判代表，有些人提出要增加長散工的代表，有人又要求尼泊爾籍扎鐵工要同工同酬（當時他們實收400-500元左右）；其中還反映到有些沒有經濟壓力的工友（即前述在盛暑不開工者）說，搞的時間長些也無問題。可說意見紛紜，只有一個統一意見：恢復八小時工作。經過這些調查研究工作，工會掌握到多了一些貼近實際的情況。

職工盟也知道無論如何，問題的解決還是要回到談判桌上

的。他們也召開大會選出他們的代表，日期定於28日（星期二）下午，地點在太子道西明愛社區會堂。職工盟經常使用天主教的社區設施，甚至使用教堂來召開會議，源於職工盟的前身是基督教工業委員會，成立這個工業委員會原來之目的是通過關心工人生活以吸收教徒。

據報導，職工盟這個大會開了兩個小時，會上亦發問卷調查對工資的要求，不過最主要的是選出19名代表，其中8人（6名蛇頭、2名工人）參加勞資談判。他們的算盤是出席談判的工人代表是：他們的8人加上建總和扎鐵工會方的3人，策略是以此來奪取談判主導權。他們的想法無法實現，因為商會根本不要跟他們接觸。還是擔任魯仲連的勞工處長謝凌潔貞，遊說我們接受他們派出若干人作為勞方代表出席談判，經過一番折騰，我方接受他們兩名代表，這兩個人是：黃殿標（前扎鐵工會理事、過氣蛇頭）、黃惠民（街工梁耀忠和職工盟的忠實擁護者）。

職工盟的招數不靈，原因是他們手上已經沒有多少籌碼，一些曾經停工的地盤已恢復開工，比如靠背壟道的集會地點（曾登發承包工程之地盤）早在8月22日經已復工，20多位工人去了開工，此前他們出現在現場其實是"被罷工"的。此外，有的地盤因趕工，開出950元的工資（新鴻基的地盤很早就表態可以支付950元，但由於佔整體比例不高，工聯會覺得作用不大而已），又去了一批。跟着他們的人顯得士氣有點低沉。不過，李卓人自我解嘲說，若是談判失敗，由工聯會和扎鐵工會負責；如果問題解決，那是職工盟的勝利了。

而這天，市面上又傳說，可能會在880元至920元之間達成協議。直到後來仍搞不清楚是哪方面放出的，這個消息起碼對堅持罷工者產生某種幻想。不過，幻想又馬上破滅，因為另一個集團立即闢謠：報紙上刊出所謂「消息人士」之透露說：近數天政府與紮鐵商會明顯對恢復談判不着急，建造商會則企硬到底，認為一旦接受日薪880-920元的中間水平，而地產發展商及承建商又不願提高補償其差額，最終只令分包商及建造公司成夾心層，故堅決反對「有價講」。從字裡行間的語氣看來，這段話表達人(資方)不同意在850元的水平上補差價，否則請「貴客自理」。

　　8月31日（五），談判重開，正是由於大老闆不肯補差價，扎鐵商會又不願承擔苦果，結果也是不歡而散。

　　有人想到，這件事是不是1999年飛機工程公司工潮（詳見本書第9個個案）的翻版嗎？當日職工盟匆匆發動罷工，示人以弱，毫無寸進。而這一次扎鐵工潮，他們得到若干激進分子的擁戴，罷工者雖然不多，卻是始終不能捏成拳頭重鎚出擊。另一方面，發展商─承建商─分包商─工程判頭(公司)卻是相互庇護，而且忍痛蒙受損失。職工盟的消耗戰發揮不了作用。

　　李卓人看出矛盾所在，於是兵分兩路。第一路，他認為只要有人能填補該個差額，就可以打開缺口；既然發展商分毛不拔，他就向政府「施壓」。藉着面見特首曾蔭權談論施政報告的機會，他建議政府應做個好老闆，所有政府正在動工的工程都給扎鐵工提高工價。李卓人指出，目前政府動工的工程約佔全港地盤的30%，倘若政府開了個好例子，那麼其他建築地盤都會跟隨云云。作為全港最大發展商的政府，若為解決工潮，突然增加工程費滿足工人的加薪要求，這絕對會「開了壞先例」，不單干預了自由市場，亦違反了合約精神。港府消息人士稱，港府不會以納稅人金錢介入工潮，難以接受以提高工程價格為工人加薪的做法。所以，李卓人此招不靈！

　　李卓人的第二招是維繫軍心，由於罷工曠日持久、毫無進展，加上有些罷工的人已經開工，因而軍心渙散。為了提高士氣，李卓人還是使出他的老辦法，多次僱用旅遊車運載一些人到地盤去呼籲罷工(即掃場)。他們先後去了大角咀、天水圍、沙田、北角等地，有一次還在沙田一條馬路上架設鐵馬不許地盤的車輛駛入與警察發生衝突。

　　香港一些報紙為了迎合讀者，對動態新聞很感興趣。八月份以來，職工盟的動作多多，某些報紙刻意吹捧。可是到了九月份，報紙刊出罷工工人的負面新聞反而多了，此處就不詳細列舉了，唯一可以講的，職工盟搞的都是無效勞動，有時甚至惹來市民的反感。

　　這場扎鐵工潮，勞方分為兩個陣營：激進的工人(包括判頭和蛇頭)聚攏在職工盟的旗下，他們要即時高額加薪並堅持罷

工；而工聯會和建總則認為應該務實，動輒採取激進行動於事無補。資方包括發展商、承建商和分判商實際上已組成同盟，當前只允許小幅度調整薪酬，不過同意過了一段期間可以大幅度加薪（因預見工程會轉旺）。更重要的一點，是資方不願與激進工人集團打交道，資方只同意與工聯屬會談判，而建總和扎鐵工會不能說服激進工人停止罷工(說白了，這也是表面現象)，故形成如此微妙的三角狀態。

這場消耗戰又折磨了將近十天，這是第二個十天的空窗期。有人說，工聯會在這椿工潮中無所作為，他們沒能看到幕後的活動。這椿工潮牽涉到好幾個方面的利益，需要多方面的遊說。工聯會和時任勞工處處長的謝凌潔貞為此絞腦汁、費唇舌。談判終於重開，這次談判不是從天下掉下來的，其中一個因素是資方從「企硬」改為可以略為讓步少許。

9月10日（一），談判重開，勞方參加者有：工聯會立法會議員王國興、建總理事長蔡鎮華、扎鐵工會主席陸君毅，還有八位工人代表，包括職工盟推選出來的兩位工人代表，這兩位是：黃殿標（前扎鐵工會理事、過氣蛇頭）、黃惠民（街工梁耀忠和職工盟的忠實擁護者）。職工盟不能出席談判，不過我們接受他們派出兩位代表，以促進雙方的溝通。在勞工處長居間調停下，談判先後舉行兩次會議。第一次會議經過一番折騰，由曾登發率領扎鐵商會代表資方終於說出他們的底線是：日薪880元、八小時十五分工作。勞方代表表示要與工友們商議，定期再議。

在第一次談判會議之後，職工盟馬上召開"罷工"工人會議，交代會談情況、徵求工友意見。當時仍有不少人堅持要950元。聞說，李卓人不能不厲聲斥責說：已經沒有錢了，還能堅持下去嗎？沒有錢只是藉口，其實李卓人看到他所「領導」的罷工已經難以為繼，問題主要是軍心渙散，不少罷工者經已轉過頭去了開工；另外，什麼文化界、宗教界等起初紛紛出頭，發展下來就銷聲匿跡了。職工盟推動的工運「社會化」呈現搞不大的狀態。工運主要是依靠工人自己的團結力量，外界的幫助只是輔助力量而已，問題之二是當前在他的領導下罷工者人數不多。這個數字並非估計，而是根據職工盟公佈的賬目計算出來的：這次扎

鐵工潮職工盟向各界籌款共得120多萬元，其中43萬元發放生活費給罷工工人，前後兩次，每次都是每人300元，即是共有1400多人次領取過生活費。其中第一次領取者「逾千人」，而二次則是發給堅持罷工者。從上述數據可以得知堅持罷工領錢者可能只得300多人而已。職工盟領導的"罷工"疲態畢露、毫無勝算！李卓人需要體面地收手落台了。

9月12日（三），舉行第二次會議，勞方在經過廣泛徵求工友意見之後提出的方案是：日薪880元、八小時工作，即是依照資方的底線減少15分鐘工作，資方堅決不同意。由於工友們普遍要求恢復八小時工作，勞方代表遂提出第二個方案，工資可以減少20元，但工作時間要減為八小時。但是資方仍然堅持他們底線，即是日薪880元、八小時十五分工作。（按：減少15分鐘其工資值是26.6元！）。資方這個堅持無非顯示主動權在他們的手上，儼然擺出一副你們不要就拉倒的姿態。扎鐵商會擺出如斯姿態，聞說是受到職工盟發動一連串無效動作，9月6日他們運載近百名扎鐵工人，到荃灣如心廣場旁曾登發的承包地盤集會，帶同兩個印上曾登發樣貌的雞蛋模型，諷刺曾燈發要滾蛋。在這個期間還不忘進行人身攻擊，對大局可說是「有破壞無建設」，這就難怪，仍然擔任扎鐵商會會長的曾登發還以顏色。

工聯會代表王國興馬上拉着勞工處長密談，曉以利害。原因是倘若談判失敗，激動的工人必然會走向極端而形成社會的動蕩，這一點是政府最不想看到的。於是在勞工處長的斡旋下，資方接受勞方的方案。最後達成的方案是：日薪860元、八小時工作，明年3月再討論薪酬問題。這個方案只是比工潮初期即8月9日資方開出的850元工資額增加了十元，而工作時間則減少15分鐘。

雖然勞資雙方已經取得協議，不過勞方仍須履行一個手續：把協議提交工友表決。由於靠背壟道，天光道的建築地盤經已復工，罷工工友的集會地點已於9月3日起轉移到中環海港政府大樓門外，此處也是勞工處總部的樓下。最後的談判是在這個地方。我們知道第二次會議將會達成協議，因此，我們選擇這處地方舉行大會由工友作出最後決定，當然我們的扎鐵工會亦動員屬下的

工友當晚參加集會。

　　9月12日上午九時左右，我們的工作人員在現場放置一張檯和三個投票箱，不久，出席談判的工人代表到達，準備在我們所設的檯前宣佈協議的方案，職工盟那邊的人起哄，夾雜着粗言穢語，現場頗為混亂，有人大叫要代表們去職工盟那邊宣佈。建總蔡鎮華便說：好啦，好啦，過去那一邊，顧全大局。

　　香港有個網煤叫《獨立煤體》，扎鐵工潮期間，這個網煤貼上不少外間人士對這件事情的看法，有篇文章《工會角力與街頭工運：36天紮鐵工潮》寫得頗為中肯，我現在就引用這篇文章一小段來報導發展下去的情況。文章說：「工人代表走到職工盟那一方後，首先其中一個工人代表發言，李卓人不知何時插在中間，發言後，另一工人代表阿文（註：應為職工盟選出的代表黃惠民）發言，講完便將咪交給李卓人，李卓人取了咪後，便立即轉身背對着記者的鏡頭，面向工友那一方，一講便講十多分鐘，原本鏡頭向着工聯會代表等人，記者立即走到另一邊拍攝李卓人講話，蔡鎮華及王國興議員看着鎂光燈離開，只好苦等，十分無奈，但很有禮貌。」李卓人講完話之後就要投票了，當工聯會的工作人員準備憑證領票的時候，輪到「街工」的幹事出來干預，文章繼續說：「一瞬間，工友說投票應設在工盟那一邊，否則不會投票，李卓人把握這一短暫時機，站在梯上，說『不要麻煩，若大家接受8小時/860元方案，便舉手啦』，結果眾人舉手。」

　　上面這篇文章的作者以近距離觀察、白描的手法，客觀地寫出當時的景況，短短的200多字寫出兩個重點，其一是李卓人把記者的鏡頭巧妙地移到他的身上。這只是第一步，至於第二步更屬一絕：李卓人登高一呼，以舉手表決，如此這般就通過了勞資協議方案。他們不是老是說要「一人一票」的嗎？另一方面，這件事雙方曾經同意採取投票方式以示鄭重的。不過，如果他能夠捨棄個人之光環，把他的才智用於工人集體權益方面的話，工友們之得益可能會更多。

　　還有一個小插曲：舉手通過協議之後，仍有一些激進工人不接受，他們在現場叫嚷，這就勞煩他們的「代表」以及「長毛」梁國雄等人說服這些激進分子了。

## 筆者點評：

1. 整件事件之後，涉及的扎鐵工人加薪10元，即1.3%，社會轟動，但工人得益甚微。完全比不上翌年4月筆者代表勞方(因工聯會指定，避免再出意外)與商會溝通協調後的大幅度加薪。由860元加至980元，增幅達14%之多。

2. 工潮後，職工盟成立了扎鐵團結工會，正式在工人方面另樹旗幟。但會員人數一直在成立初期的309人，連續7年只能維持在173-276之間，沒有擴大團結，沒有建立行業地位和話語權可言。
2016-2018年連續三年會員人數886人，主要原因是各建造業工種推行資歷認證制度，工友需要工會發出證明為被動(或被迫)連續繳交數年會費和參加工會。這完全與九年前的工潮無關。同樣的原因，工聯會屬下的扎鐵工會，會員也增至2,130人。

3. 更有甚者，扎鐵團結工會的成立，引致職工盟與其建築地盤工會的原負責人之間的矛盾表面化和公開分裂(見下述)！

4. 結論：從工會力量的發展、工人加薪的實際而言，這次罷工是失敗的！

5. 而且，從工會運動的定義而論，嚴格地分析，並不是完全定義上的工人罷工事件。

# 扎鐵罷工事件後，職工盟內部分裂情況：

地盤工會的負責人，理事長孫龍弟、秘書張德興等幾個工會主要負責人，在扎鐵團結工會成立後幾個月，便找到工聯會的建造業總工會的理事長周聯僑(同時任工聯會副理事長)，要求建總出手，協助他們在七月的工會周年大會換屆選舉時，避過被李卓人奪權趕下台的結果。他們講的內容，在工聯會的傳統工會概念而言，是無法想像、也是不可能發生的事情！

首先，他們認為「建築地盤總工會」的地位，應像工聯會的建造業總工會一樣(如前所述，工聯會的內部架構是：工聯會、總工會、工會三層)，地盤工會覺得：這間新成立的「扎鐵團結工會」，應該是「地盤工會」下面的屬會(還有一間建造業議會職工會約有會員100名！)。簡而言之，扎鐵團結工會成立後，客觀現實是令致建築地盤工會減少了會員(地盤工會之前有會員589人、扎鐵團結工會成立後，首年減至413人、翌年減至300人，2011年仍未回復至之前的水平(資料來源：職工會登記局年報)。但實際上職工盟並非此想，扎鐵團結工會成立後，吸收了原本可能參加地盤工會的扎鐵工人，但新工會並不歸於地盤工會之下，反而內部互相爭奪會員。這樣就形成了首個矛盾。

第二個出現矛盾的原因，據說是扎鐵工潮籌款是用建築地盤總工會的戶口來籌款的。而籌得的錢，如何支出，地盤工會的負責人又不能過問，只是李卓人說了算(這是當時地盤工會負責人的描述)！

第三個原因，來求助的三個人說法非常一致，他們說李卓人認為他們是"劉千石的人"，所以必須換掉。這點我們更加無法求證。只能是姑妄言之、姑妄聽之！

但是，他們同時帶來了地盤工會最近三年的理事會會議記錄和職工盟的執委會會議記錄(目前仍在筆者手上)，內容也部份顯示出，其所言是有脈絡可尋的。

還有的是地盤工會的章程，確實也令我這個做了數十年工會工作的人，大開眼界。我重覆看了幾遍，無法理解該工會的章程，關於「會員、合格會員、有選舉權和被選舉權會員」的資格和定義，到底是如何介定的？但港英政府勞工處的職工會登記局局長們，照樣批准註冊登記，成立工會(另一間是成衣工會！)。港英政府究竟是如何優待和照顧得美國人眷顧的工會，於此可見一斑！

# 12

# 震撼國際的機場地勤罷工(2008年)

**2008年12月27日機場地勤員工罷工三小時的事件起因，談判的前期準備和其後的談判過程**

　　香港機場地勤服務公司(下稱港勤公司)是國泰航空公司，全資擁有的一間地勤服務公司，主要是為國泰的機隊服務，約有員工二千人。港勤公司是負責行李運輸及禁區內巴士服務的，客戶包港龍和一些其他航空公司的機隊。另一間香港國際機場地勤服務有限公司(HIAS)，負責文件、客運的check-in、登機口；貨運業務範圍則是向代理收/發單、出入口證等等。客戶也包括國泰、港龍和一些其他航空公司。當時國泰航空公司正打算將兩間子公司合併經營。

　　2008年初開始，有員工陸續向民航工會投訴：公司在正常年景時，每年除了12個月工資外，還會有第13和第14個月的「雙糧」（額外獎金）。但當年年中開始，公司內部不斷傳出消息說，因為2008年國際金融危機而導至經濟下滑，故公司盈利甚微，所以只能發放第13個月的雙糧，而會取消第14個月的獎金。民航工會在收到員工投訴後，在工會理事會和工聯權委都有所討論，但首階段以工會為主，權委作為後勤力量，聽候工會要求支援才行動。

　　2008年12月25日聖誕節晚上，香港的街頭上到處響起"Merry X'mas"的節日祝賀聲，民航工會的理事們和工聯權委秘書還在會所內進行「沙盤推演」式的會議，而且一直開到深夜。這次事件之事前的籌劃工作筆者沒有參加，自從1990年代中

出現涉及多宗機場公司搬遷的維權事件之後，工聯權委和民航工會組成了「機場搬遷權益關注組」，有關工作由這個「關注組」負責。在此之前，筆者和葉偉明代表工聯權委，與工會負責人陳寶財和林洪章等同事，緊密合作了超過十年。彼此團結合拍、坦誠溝通、充份配合，故相信他們一定肯定能夠唱出一出好戲。而且我此期間剛好要去廣州出差。

事後知道，工會考慮在12月27日上午與資方開會的策略，制訂得很周全，包括分析了可能出現的：上、中、下三種談判結果，即：下——分毫不付、中——只付一半、上——完全照付；當然，第三個上——完全照付的可能性最低。

工會進行沙盤推演之目的，是要作出周全準備，即是對出現的各種可能性都要考慮在內，包括最壞的打算，不管出現什麼情況都有應對方案。工會同時亦知道，資方要求公司內由資方成立的員工諮詢會（JAC）的7名代表也一齊出席談判會，以免好像只有工會代表員工的情況，但JAC的員方召集人與工會溝通之後，拒絕參加這個由公司召開會議，最後，完全由工會代表工人，與公司談判。

果然，談判會議開始不久，公司總經理藍先生(員工叫他顏色先生)說：我是一個虔誠的教徒，是不會說謊的。現在公司無錢，只能夠拿出150萬元，供全公司的員工均分。員工和工會代表粗略一算，全公司2,000多人（不計稍後合併的港龍航空1,000人），即表示每人約只分得約750元，不及原來獎金月薪的十分之一。員工代表即時表態：這750元留給你藍先生"睇醫生"吧！隨即全部離場。

員工代表按照工會事先的部署，立即通知各工作區域、各分組聯絡人：按照工會的事先安排，在下午一時正開始，要求正在開工所有員工，放下手上工作，離開工作崗位，向事先預定的區域集結——實行罷工，罷工直至下午四時正為止。即要求所有工人整齊、準確地罷工三小時。集結區域雖然是機場禁區，但鄰近鐵絲網，禁區外的記者可以容易地拍攝到罷工隊伍的陣容，可以產生很好的宣傳效果。

這次罷工行動，像工聯會屬下的大多數工會行動一樣。員工

隊伍事前進行過周密的組織工作，因為工會的負責人絕大部分是在機場內工作的行內人（此事件的參加者，百分百是機場地勤員工，沒有半個機場以外的人！），他們長期在機場工作，了解機場運作，知道甚麼日子、甚麼時間動手最好、產生的效果最大。民航工會負責人雖然並不在此地勤服務公司內工作，但他們在機場工作了幾十年，大家都對機場運作十分熟悉和了解。這個其實也是罷工行動成功的一個重要因素！

所有上述條件，說白了，其他工會未必具備，如果只憑「心口掛住個"勇"字」（廣東諺語，指單憑蠻幹及有勇無謀），而絕對地只是依靠傳媒的吹噓，並非依靠員工的團結力量，可能是會出到鏡（爭取到傳媒的宣傳）就表示目標已達，員工是否爭取得好處，是次要考慮。在這種思維下，很多時候罷工是很難成功的。

至於民航工會，為何會選擇在12月27日下午動手？因為這天是聖誕節公眾假期的最後一天。大量出外旅遊的市民會在這天返回香港，以便翌日上班。那麼為甚麼選擇在下午一時至四時行動？是因為約定了當日上午與公司談判，預計如無結果，下午隨即罷工，行動安排清晰明瞭、一氣呵成，不會產生誤解與及行動混亂。

當然還有一個精確的計算：這三個小時之內，預計約有83個航班降落，有二千多名旅客抵港。乘客可以自己步行到行李運輸帶傍，甚至機場外，但寄艙行李無人搬運是不會動的、飛機無人加油是不能再飛的、機艙沒有人清潔是不能再載客的。工會還推算過，罷工兩小時對公司產生不到足夠的壓力，罷工四小時或以上，則國際機場開始癱瘓，影響太大。所以罷工三小時是恰當的，一方面對資方有足夠的警告作用，二來社會或香港整體付出的代價不致太大，可以承受。當然，罷工要做到對社會完全沒有影響，工會知道是不可能的。

工會反覆向員工代表講，我們的目標是取得一向既有的第14個月雙糧，不是想整死公司，大家還有以後在公司內的長期工作。所以，工會不會用其他工會"磨爛席"式的罷工。我們用的是「有理（據）、有利（時機）、有節（奏）」的警告式罷工。

多次實踐證明,包括1994年香港仔隧道罷工、2002年青衣長青隧道罷工等多次行動,對資方和政府所產生的效果(即恰如其份的打擊力)最好!

下午一時左右,預定集結的區域逐漸聚集了千多名當時正在開工的工友,很多人是開着自己的工作車來的。

這個時候,筆者正在從廣州返回香港的廣深高速公路上,收到時任勞工處處長謝凌潔貞的電話,她說:「富華,可否不要罷三個鐘?減少一個鐘可以嗎?」老實說,直到此刻我還只是通過電話,向工會和個別員工代表提些意見和該注意的地方。從原則來講,筆者知道不應該改變會議上的集體決定,因為這樣做,會產生千多名員工信息上的混亂,進而可能影響部署了的事情。所以我乾脆地回應處長:「我無能為力!」

抵港後,葉偉明對筆者說:罷工後,大批傳媒趕到機場,隔着鐵絲網架好了攝影機,他們等候的是下午四時有甚麼情景出現?因為這段時間,勞資雙方並沒有恢復談判,這表示大家期望收取第14個月的雙糧,資方是並未答應的!

在現場的記者很好奇,在如斯情況下,工聯會和民航工會如何說服、指揮千多名罷工的員工依時返回崗位恢復工作?因為記者們見慣的是近年其他工會的「不達目的,誓不收兵」的罷工模式:工會頭頭等則坐在人群前面最正中位置,舉着拳頭喊口號,一眾工人在後面做勞工英雄的佈景板。今天出現的情景是否有所不同?

因為記者們並不知道,工會事前是如何做艱苦的組織工作:說明目標、估計資方有多少種回覆模式和可能、如何做可以達致最佳收穫和效果?並且反覆強調:按步就班、用「有理、有利、有節」的鬥爭策略、依照部署行動是致勝的關鍵等。

下午四時正,在罷工區域聚集的千多名員工,有秩序地回到工作崗位、恢復正常工作的奇景出現在記者面前。這個情況,公司高層看在眼裡,他們知道碰上什麼動員能力的對手了,也知道如果不認真地與工會談判不行,因為不知道甚麼時候員工會再次罷工?那麼,民航處、機場管理局、運輸署和其他的機場有關的監管部門,只會對香港地勤服務公司有更多的壓力了。

果然，翌日資方致電工會，提出約時間再談。這階段，筆者才開始直接參與工會內部的討論。在分析了資方、員工、社會各方面的狀況後，尤其是元旦假期快到，我們在收集員工回饋的訊息之後，決定在2009年1月5日下午在葵涌勞工處恢復談判。我們事前要求員工代表，在會上清楚地陳述：2008年的1至11月的工作量並沒有受到歐洲金融危機的影響，員工依然整日忙碌，做得很辛苦，只是到了12月份才稍微輕鬆了些。所以公司沒有任何理由，以經濟危機為由，去削減員工第14個月雙糧；而且，14個月糧是在啟德機場舊公司（HAPS）答應了、實施了十年的制度，員工是不會接受公司隨便決定減的！

資方則不斷強調困難、無錢賺，員工便立即反駁：公司無錢賺是因為母公司國泰付出的價錢低，作為全資附屬的子公司，受控制不能不做，所以無錢賺只是假象！

談判一直持續到午夜仍未達成協議。由於筆者故意不參加會議，只是通過手機短訊了解談判進度和提供意見。午夜零時，時任勞工處副處長的黃國倫來電說：「你和英姐（勞聯立法會議員李鳳英）是否應該入場了？」我唯有從馬鞍山住處乘車去葵興勞工處，此時公司董事長莊韋茵、勞工處長謝凌潔貞、李鳳英也陸續抵達。原本談了大半天的談判會場停下來，由另一個層次的人接手。公司方面逐漸讓步，由只發750元改為7天（工資）、10天、12天地增加，由於筆者和英姐只是代表，最終是否接受要由員工代表去表態。故每次公司作出一些讓步，筆者便跑到隔壁的會議室，問代表們是否接受？莊韋茵解釋，公司除了考慮原有的二千員工，還要一併考慮港龍那一千多人，因為兩間公司會很快合併。

天色逐漸轉亮，資方讓步已經超過半個月，民航工會和員工代表，開始依賴工聯權委的判斷；但空運員工協會（下稱空協，是一間空運行業的工會）兩位代表，每次都簡單地回答：「不接受！」，接近天亮時，資方逐漸接近三星期（即員工大約要讓步一星期左右的獎金），加一封農曆年前發放的一千元利是。該兩位空運員工協會的代表仍是機械地回答「不接受」。筆者開始有些不客氣地說，你們不接受是可以的，但是必須要明白地指出，

不接受之後我們如何做？是否立即動手？再次罷工？如果如此決定，則必須進入討論行動的方案，而隔壁的談判就要停止不談了。此時，這兩位空協代表就支吾起來。的確，資方從削減一個月開始讓步多次，如果勞方仍不接受的話，就要拿出一個有把握的行動方案；如果再搞一次行動，能否像第一次那樣齊心？如果第二次罷工出現「甩轆」，那就不是「示威」而是「示弱」，會招致什麼後果？沒有人可以說得準！結果，終於達成協議，員方接受約多於四之三個月的雙糧，即是妥協了少收一星期不到的第14個月雙糧，作為讓步。

　　之後，民航工會協助地勤公司的員工，成立「香港機場地勤服務職工會」，在公司內的員工參加工會率很快達到過半數以上，這是又一次增強團結的成果。以後每年的加薪和各項員工福利，公司必須和工會討論，資方認識到工會確實能夠代表員工們，任何涉及工人的重大利益的改變，都必須探討工會和員工的接受程度。

### 事隔大半年，發生了一次嚴重傷亡的交通意外事件

　　2009年8月28日凌晨，一輛接載員工下班回家的大旅遊巴，在北大嶼山高速公路發生翻車的交通意外，釀成三名員工死亡、廿二名員工受傷的特大事故。工聯會和工會派出多人到醫院探望傷者、到殮房協助家屬安排後事。筆者和同事們，亦緊急要求公司開會，在公司原本比較優厚（例如會支付相等於36個月的薪酬）的基礎上，代表死亡的員工家屬，額外爭取到廿多萬的恩恤金補償，由發生事故到談妥員工家屬接受的補償金額，前後不足24小時。

　　當年11月下旬，工會代表員工談判來年的加薪率及年終獎金，在過程中，由於上一年的成功舉行罷工，工會完全採取了主動。工會利用公司害怕2008年12月27日的聖誕節、工會罷工的歷史重演，而急於在2009年12月22日前與工會達成協議。工會在內緊外鬆（即你急我唔急！）的姿態下，先由民航和地勤服務兩工會與公司先談，第二階段由時任勞工界立法會議員的葉偉明再加一腳，不時向傳媒發放消息，造成輿論甚為關注的局勢，最後才由工聯權委加上工會完成最後的協議——發放8-30天獎金、中

位數是16天，另加薪1.4%(註：當時仍處於金融風暴的後期，無人知道何時可以經濟復蘇！)。在2016年底，整個地勤服務公司3600名員工中，工會會員近2000人，工會密度是54.2%。從來未見過，1967年反英抗暴後成立的新工會，通過處理勞資糾紛個案，甚至舉行過罷工而成立的工會，有這樣高的工會參與率的。

# 筆者點評：

1. 整個個案，由收到員工投訴開始，工會在組織員工、收集和歸納員工意見、選出員工代表、部署談判策略和行動方面，按步就班、摸清了勞資雙方的基本情況後，定出了符合實際的談判策略和行動步驟；

2. 一切以員工的實際利益考慮為依歸，具體操作的工會負責人並沒有強求出鏡要威(因為有了選舉之後，這種思維，經常干擾了某些工會負責人的具體操作，而未必真的對爭取有利！)的考慮；

3. 事件結果證明工會的操作符合員工的眼前和長遠利益，具可操作性。有利勞資雙方比較長期地在一個企業內的合理、和平、穩定地相處；

4. 工會的基層組織力量加強、會員大幅度增加，從工會運動的角度，這是一個成功的罷工個案。

# 13

# 香港飛機工程公司輸入142名「培訓工」後的罷工事件(2010年)

　　2010年1月9日（星期六）接近中午，筆者接到工聯會勞工服務中心同事的電話，謂有近百名在赤鱲角機場內的香港飛機工程公司（HEACO下稱港機公司）工作的「培訓工」到來投訴：他們到了香港後，不是接受飛機維修的培訓工作，而是每日做着簡單而重複的工作，不但工資非常低，最近公司還要延長工作時間，而補水極少。

　　具體說明一下，這批來自廈門的，20歲左右的年青外勞和本地工人之間的比較：本地員工每月工作192小時，超過的作加班計。廈門外勞每月工資四千多元、每月工作286小時(比本地工人每月工時長了49%)，超過286小時後才計加班費。至於正常工作時間是上午八時至下午七時。晚上七時後工作才算加班，每小時十多元(具體比較兩地工人薪酬福利待遇，讀者可參考本書第9章港機工程公司罷工個案！)。

　　培訓工(廉價外勞)工資不及本地工人的50%，但合約工時則等於本地工人的150%。當然，表面的理由是他們是來港接"培訓" 嘛！所以表面上看，工資低也正常呀！

　　但根據這批年青人說：學習飛機維修，應是分開四個範疇去培訓和學習的，可是他們來了接近兩年，只在同一部門工作，沒有調動過，也談不上學習維修飛機的技術。每天都是重複地做一些技術要求不高的維修工作。

　　他們到工聯會投訴之前，曾經在工場飯堂靜坐了三天，但資方採取不理睬的態度。由於工作地點是機場禁區內的範圍，沒有禁區證，外人無法進入，他們的抗爭外界無從知曉。他們已經忍受很長時間了，現在公司進一步要延長工作時間而沒有相應合理的加班工資，在忍無可忍的情況下，經公司內民航工會的會員指引，才決定到工聯會投訴。

　　筆者時任工聯會權益委員會主任(下稱工聯權委)聽到電話中的情況介紹後，不期然想起以前處理外勞個案的經驗。在電話中立即要求中心的同事，馬上登記每名外勞的姓名、年齡（全部是廿歲左右的男女青年）、手機號碼、居住的外勞宿舍地址（他/她們分別住在九龍灣德福花園和淘大花園，兩處公司安排租賃的宿舍）。已到午膳時間，一下子來了90多人，同事立即買飯盒安排他們午餐，暫時不讓各人離開，更不要返回宿舍。

　　筆者與權委的同事立即趕回工聯會總部着手處理此事件。我們的判斷，這是一宗以"培訓"名義輸入的廉價外勞，故不用經教育統籌局和勞工處，而是通過保安局和入境處批准入境的廉價勞工。

　　我們決定具體做法是，立即通知傳媒到場採訪，指出政府在這方面的監管漏洞。一般而言，工聯會是較少採用這種手法的！但為甚麼這次這樣做？因為根據經驗，如果傳媒報導得越多越詳細，則這批外勞越安全！以往的經驗告訴我們，他們返回宿舍後，如果勞務公司和港機公司知道他們已經到了工聯會投訴，最大的可能是，會很短時間內立即被遣返廈門。如此一來，沒有了原告（投訴人），被告（公司和政府）就逍遙法外了。所以故意清楚地對記者宣佈，經已完全掌握全部142人的所有詳細資料，不見了一個人我們也會追究！

　　在翌日(星期日)我們組織了一次在機場跑道尾端港機公司門口示威，以增加對資方的壓力。當然，由於位置偏遠，傳媒的報導不多，資方感受到的壓力有限。

　　星期一上午，工聯權委首先約見勞工處。但是勞工處認為這是入境處處理的、以培訓名義輸入的個案，不屬於勞工處的監管範圍，一招太極就要去了入境處。入境處從來沒有接見工會的習

慣，儘管他們企圖拖延，但經不起我方一再公開施壓，拖了兩天，才答應在勞工處的地方，入境處與勞工處兩個部門一齊，與工聯權委及工友代表見面。

首次見面時，一位總入境事務主任郭太可能了解到工聯會是愛國工會的背境，便對我們說：「梁先生，我們同意輸入這批培訓工，是為國家培養飛機維修技工呀！」顯然，他們看中工聯會的左派背景，妄圖以所謂愛國的說話來解窘。於是筆者亦以相同的調子來回應，我說：「我剛看過一些資料，國家購買了1,700多架波音和空中巴士，全國有數百個機場，就靠一間香港公司為國家培訓飛機維修技工？如果早20年前，香港政府這個講法還可以成立，我們愛國工會的人，還會對此心存感激呢。但改革開放那麼多年了…！」。

言歸正傳，我們問入境處究竟以什麼準則批准這些「培訓」工人入境？這批人入境之後政府是如何監管的？入境處承認是相信申請的公司背景，因為這是一家專業的大公司並在機場禁區內工作，所以沒有到工作地點巡查。所以，監管就是"看公司呈報的文件"。

工聯會和民航工會根據外勞的反映，闡明他們來了香港之後，長時間只是做單一工種（如果正式培訓的話，是需要分開學習，不同的四個維修專業範疇）的工作的。這批"培訓工"不單工時長、工資低，而且不斷加班，做同一工種的工作，根本沒有什麼培訓內容。於是入境處和勞工處都答應調查。

在會議結束時，工聯權委特別重新提醒政府一次，全部142名外勞的姓名、手機號碼、宿舍地址、來港日期、工資待遇、工作時間等等資料，工聯會都詳細地掌握著。請政府督促港機公司資方，好好解決問題，不要妄圖把外勞偷偷押走，少了一個工人，工聯權委和民航工會都會誓不罷休的！

在等待政府部門調查期間，這批外勞的心理狀態並不穩定，他們在內地的家人受到內地勞務公司的壓力，不斷打長途電話來要他們息事寧人。這種情況，我們過去處理外勞個案是經常發生的。我們除了不斷鼓勵他們之外，當然亦要考慮具體對策，而最佳的對策就是組織集體行動：包括罷工！這樣做可以鼓勵士氣、

相互影響、增強抗爭力量來爭取勝利。此外，也要相應地對付資方：你給我的家人施壓，我也可以給你公司施壓。遂決定組織大家去位於金鐘太古廣場的公司總部樓下示威、靜坐抗議，加大力度逼資方要拿出解決問題的誠意來。

果然，上述的行動開始奏效。正當外勞在金鐘太古廣場外聚集示威時，筆者收到公司人事部總經理吳先生的電話，要求我去到位於赤鱲角機場跑道尾端位置的公司內見面，但又不肯講清楚見誰人！明顯是資方急，但是我們不着急。於是筆者回應說：我今天下午要到北角旅遊業議會(TIC)開理事會(因為我仍是旅議會的獨立理事)，大約開會45分鐘後便離開，如果公司想談的話，最好派車來北角接我，因為距離實在太遠。正在旅議會開會之際，這位人事部吳總經理又來電話，說未能派車，但又表示公司高層要求我盡快去見面！我考慮到重點在於要解決問題，遂致電工聯總部，請同事開車來北角，送我去赤鱲角了。

赤鱲角之會雖然是談判性質，但其特別之處是過程中粗口橫飛，對方(公司副主席陳炳傑先生)習慣和喜歡講粗口(我之前出席過一次該公司在洲際酒店的周年聚餐。他在台上致詞時，也是如此，大家都習慣了！)。

且說筆者到達公司，進入機場禁區內的港機公司之後，被帶引到一間門口寫着「副主席陳炳傑」的辦公室內。因為他是煙癮甚大的人，所以裡面煙霧迷漫。我剛入門口，他就大聲地說：「X你老母呀梁，你玩乜X嘢？我哋廿幾年兄弟，你想點X樣呀？」。陳某是出名的大煙精和粗口王。我以前都見識過了！但一入門口，立即被這位公司高層問候娘親，確實有幾秒鐘反應不來。

說實在的，在到達之前我不知道與我會見的是他——一位公司副主席。顯然，急於解決問題的是資方，但想不到他竟然用市井之徒的常用語跟我對話。回心一想，我與他只是握手朋友，即是說雙方交換過名片，互相知道對方的身份而已，根本不是什麼"兄弟"，陳某居然一開口就「稱兄道弟」。我認為他也是受很大的壓力，是想急於解決事件。當時，該公司人事部的總經理吳先生則坐在一旁，目無表情，似乎無答訕的餘地。

　　這個時候我是只得一個人代表勞方，情況容不得我作任何猶豫，否則會示人以弱。於是我接過粗口、還以粗口：「我X你老母呀陳，我問你玩乜X嘢就真！我無乜想點，這件事是你公司錯在先才出現的。你們以培訓工人的名義輸入廉價勞工，並在不斷增加工作時間之餘，又不肯多付加班費。最後這批外勞全部走來工聯會投訴。事件由我們處理，唔知你係好運還是惡運？好運的是：你遇到我們這些講政策、講道理、要切實解決問題的工會；惡運的是，我們處理這類個案十多年，經驗豐富，無論香港政府各部門之間、不同的資方、內地的勞務公司，我們都有經驗、有辦法對付。希望你盡快拿出誠意來，切實解決此事！」

　　陳炳傑爽快地問：「點X樣解決？你講！」於是我把我們此前商量過的辦法說出來：香港飛機工程公司立即出通告，取消之前的「停止培訓計劃，全部培訓工立即遣送回廈門」的通告，容許各人回到原來的工作崗位，正正式式地完成兩年的培訓計劃。工作時間按原先做法，增加工時就要增加工資。公司發出通告之後，我們會動員各人取消罷工和靜坐示威，回宿舍休息，明天正常上班。陳炳傑出乎意料地、爽快地答應，並扭頭向吳總經理指示說：「就咁X樣辦吧」！

　　我馬上接著補充說：「如果你真的是答應了的話，我現在去太古廣場他們聚集示威的地方，你吩咐樓上公司總部的伙記出通告，我就按剛才說的辦」！陳炳傑迅速回應說：「好，就咁X樣解決，但你唔好X同人講話見過我」！我回答說：「無問題，我們工會的目標，就是按外勞的最大利益去解決問題，我走喇」！於是，我二話不說就離開了赤鱲角，趕去金鐘太古廣場。剛到埗，我立即數了一下人頭，有90多位外勞在現場堅持罷工，陣容不錯。這是對資方的最大壓力！

　　在現場維持秩序的警察，最怕的是這種勞資糾紛出現不愉快事件，其中一位警察細細聲問我：「梁先生，搞掂（廣東話，解決了嗎）未呀？」我說：「差不多了，現在等公司出通告宣佈。」但是，等了大個半小時，還未有動靜。我打電話去該公司總部，再找陳炳傑問個究竟。他說：「這班冚家鏟搞乜X？呀梁你宣佈喇！」我說：「你又話叫我唔好對人講見過你？」他說：

「唔X理喇，你宣佈喇！」顯然，他是非常焦急，希望盡快令事件對資方的不利影響消失！

我於是拿起揚聲器，一五一十地把會見資方的情況當眾宣佈：剛才我去了赤鱲角你們的公司內，與你們公司的副主席陳炳傑先生談判。他答應了取消以前公司在事件發生後發出的所有通告。所以一切照舊，工作條件不變。大家可以回宿舍休息，明天照常上班。

在未解散前，工聯權委和民航工會請各部門和各宿舍的代表留步，到對面統一中心內的酒樓，一邊吃晚飯，一邊商議下一步的措施。根據我們以往經驗，事件絕不會就此風平浪靜，往後一定會有事情發生的。資方只是基於工會、政府、工人行動和社會輿論的壓力而被迫撤回之前的決定的！我們判斷這些年輕外勞恢復上班以後，一定會被工場管理員對付和留難的。我們要求大家，一定要加強與工會的聯絡，有問題發生時，詳細記下主管人員的不正常舉動者的所屬部門、時間和姓名，包括說話的詳細內容，我們將會第一時間轉告入境處官員，以顯示出我們工會繼續和有效監察公司內工場的情況，不論發生甚麼事情，工聯會都是充分掌握的，這樣才可以防止資方耍手段。否則，公司一定會對付這班敢於到工聯會投訴的外勞，事情不會這樣容易就解決了的。

果然，這班外勞恢復上班之後，公司指使一些主管，冷言冷語地對他們說：「你們好嘢！請隨便坐，我們不敢吩咐你們做嘢呀，你們想怎樣就怎樣吧」。公司管理層這些舉動，明顯地想令各人產生心理壓力，甚至迫他們離開公司和自願回鄉。自此之後的幾天，我們收到甚麼情況都第一時間轉知入境處的總主任和傳媒。這樣做，非常有效地監察和防止資方的秋後算帳式的行為，最終使這群年青人較合理地完成在港的工作合同。

## 筆者點評：

1　整件事處理的大原則，首先是考慮這群遠離家鄉、在港缺乏家庭支援的年輕人的最根本利益：學習飛機維修技術，這是他(她)們完成兩年合約後的最大利益；其次是希望賺取合理工資，這是工聯權委和民航工會最根本的考慮點；

2. 根據多年的經驗，處理不同政府部門中官員的處事思維，知道通過社會輿論施加壓力是較為有效的方式；故利用傳媒方面，會毫不保留；

3. 142名年青外勞的顧慮和其在廈門的家人，會受到什麼壓力，工會是了解的，故此能夠適當地對各人進行心理輔導，解除其所受到壓力；

4. 事件越快合理解決越好，利用資方面對的壓力，迅速解決事件，這是工會應該做的事情！

5. 這次罷工、靜坐示威是成功和有效果的。事件顯示內地工人對工聯會的充分信任！

6. 民航工會在公司內的威信提高、事後會員人數有所上升。此次罷工是成功的！

# 14

# 國際貨柜碼頭罷工事件

## （2013年）

**日期：2013年1月30日-5月6日**

## 背景：

　　香港工會(或曰工運)由1949年開始的左(工聯)、右(工團)兩派對立，直至上世紀七十年代有所改變，主要的原因是港英政府改變了扶右壓左的政策。因為在七十年代初期，右派工會在港本已呈現走下坡現象，加上台灣在聯合國的席位，被中華人民共和國政府所取代之後，工團更為積弱。港英政府於是採取了兩項措施：一是鼓勵公務員組織工會，教會也同時積極參與勞工事務，企圖避免工聯會一會獨大的出現。

　　故此，在多元化的工會運動情況下，很多個案處理過程中，逞現出一種不同意識型態之間的競(鬥)爭：工聯會所率領的愛國工會，在過去的主要對手不再的情況下，因以基督教工業委員會(下稱基工)、天主教勞工牧民中心為主要代表的教會組織，也積極主動介入勞資糾紛事件。1990年(北京六四事件後翌年)，在美國人的大力支持下，基工的主要人物，轉換招牌，成立了香港職工會聯盟(下稱職工盟)。由於工會之間存在競爭，有的時候，因手法、理念的不同。加上考慮到有選舉制度，要搶奪議席。能否在傳媒曝光的考量，成為了一些工會採取某些不尋常做法的主要原因；另一個原因，就是缺乏基層組織力量，光靠宗教信仰也不能組織工會。

　　國際碼頭罷工事件的發展過程中，也充分體現了上述的規

律。下文就個人的觀察和掌握的資料，談談這次碼頭工潮。

　　事件發生前的同年1月底，國際運輸勞聯(ITF)在香港舉辦培訓班，培訓了包括職工盟和勞聯下面的幾間工會的理幹事。事實上，在幹部準備方面，是做了些工作。

　　早於2012年9月，港九勞工社團聯會(下稱勞聯)屬下的香港倉庫運輸物流員工協會(下稱倉協)、香港碼頭及港口業工會，以及香港國際貨櫃碼頭集團職工總會(同屬勞聯、下稱HIT工會)等三間工會，已經就有關貨櫃碼頭工人的工作環境和薪酬福利待遇，共同作出了調查。

　　此次三間工會的調查，經歸納後，形成的訴求如下：一、加班工資應是正常工資的1.5倍；二、用膳時間應有工資；三、合理加薪(註：詳見8/9/2012香港多份報章的報導)。隨後，在2013年1月30日，由四間工會(即上述勞聯三間屬會，加上職工盟的碼頭工會)組成的同屬ITF的「香港碼頭工人協調委員會」，一起召開記者招待會，向國際貨櫃碼頭資方提出：一律加薪12%，和加班工資以1.5倍計算。按翌日各報章的報導，出席記者招待會的，有碼頭工會組織幹事何偉航、陳煥輝、協調委員會統籌幹事冼曉昕等共五人。當時聲稱是代表所有五千名碼頭工人向全部約40間外判公司提出的(註：詳見31/1/2013東方日報、太陽報、香港商報、英文虎報、蘋果日報、文滙報的報導)。

　　貨櫃碼頭的營運結構中，和黃集團下面的國際貨櫃碼頭公司(下簡稱HIT)，佔了整個碼頭營運量的70%，其餘兩間公司合共只佔另外的30%。

　　其中，佔貨櫃碼頭份額最大的經營者——HIT，內部結構也很複雜，在員工人數方面，保持了大約三分之二的直接僱員約1,600人，這部份直屬HIT的員工，無論薪酬、福利、工作制度、退休等各方面，都比另外五間外判公司工作的數百名工人(佔其餘三分一人數)優厚。現實上，一般來說，外判公司管理水平也比較參差，埋堆(意即拉小圈子)、拍馬屁者的待遇，似乎又比不拉幫結派、不擦鞋者好。

　　故此，那些怨懟日高，想採取激烈手段爭取的，和一些經常申報工傷假期，不想上班的工人(註：1/5/2013星島報導，外判

商高寶管理層指部份罷工工人一直請病假。）；當然還有一批希望改善工作環境、爭取合理待遇，但感覺受盡剝削的工友，上述幾部份工人，構成了事件發生的組成元素。

2012年底，工聯會屬下的貨櫃運輸業職工總會，按每年的常規動作，先在貨櫃車司機之間，派發單張及進行問卷調查，以了解司機們的加薪要求。因其會員大部份是陸、港兩地的司機，但近年由於華南沿海一帶，發展和建設了很多港口，加上中國內地成為世界製造大國後，無論賣方或買方，為降低成本，都要求轉用費用比較平宜、運輸操作時間更短、更直接的運輸途徑，盡量從內地生產基地，利用最靠近的港口碼頭付運。故此這些兩地司機，部份只能在貨櫃碼頭內工作，成為內運車司機，減少了兩地拖運的工作機會，收入自然也減少了。

貨櫃運輸工會的調查結果顯示，大部份的司機要求加薪，幅度在8-10%之間，工會遂去信予各外判公司，要求加薪10%，但得到公司回覆，是答應加薪5%。工會當時的考慮是工友未必接受，正在爭取可上調至8%。

另一方面，勞聯屬下的三間工會。由於勞聯名義上是職工盟的盟會，也同屬ITF的協調委員會成員，故此可算是與在三月下旬單獨採取行動的碼頭工會的友好合作工會了吧？

職工盟屬下的碼頭工會，成立於2006年，歷史較短、會員也較少，而且分佈在不同公司中，例如少部份在聯合船塢內的拖輪部。

此次事件的特點，1、職工盟的碼頭工會，獨自在28/3發起行動，完全沒有知會及踢開原來的"合作者"；2、選擇新聞淡靜、傳媒等米(新聞)下鍋時，但貨運也是淡季的復活節假期前夕來動手(註：1/5/2013 AM730 A8版報導)；3、發動的第一天，就是學運、社運與罷工行動相結合的做法；4、一開始只針對香港首富李嘉誠屬下和黃集團(但只在26/3/2013去了一次和記大廈示威，之後集中針對長江中心) 和屬下五間外判公司。完全放過佔30%貨柜量的另外兩間碼頭公司和其外判商；5、發起支持碼頭工人罷工基金，用幾百萬港元來支撐整個行動首次派一千元、跟著有五次派1500元、最後一次派六千多元。(這可能是香

港開埠以來，每名工人收到金錢最多的一次勞資糾紛事件吧？）25/6/2013派第七次（註：23/4/2013文匯報）。6、提高加薪訴求至20%和23%。

罷工無法真正做成對資方威脅的同時，還進一步提高加薪要求，來拉大與資方的距離，令我這個在工會多年的行內人，百思不得其解！另一方面，從外判商代表出席談判時的態度，一時話"肚餓"、一時話要回家"食藥"，資方代表的兒戲態度極為罕見，其中一家外判商高寶公司甚至稍後宣告結業。

22/4，HIT資方安排了3名無罷工的工人見傳媒，指責職工盟的不是（註：26/4/2013星島日報）！

由於事件曠日持久，職工盟始終無法動員多數員工參與罷工，形成不了對HIT資方營運上的真正威脅。職工盟開始採用轉移視線的做法，攻擊時任勞工福利局局長的張建宗和工聯會"潛水"，在網上通緝局長和勞工處長（註：26/4/2013星島A12版「工會矛頭直指林鄭、張建宗」）、惡毒製作工聯會議員潛水而亡的靈堂造型照！這種盲動和不負責任的方式，就會為工人爭取到應有的權益？或者，這些做法，只有在遇到一個愚蠢及進退失據的僱主時，才可能有效吧！但這次，其主要針對的，卻是一個巨型國際商業集團，和一位所謂"華人首富"！

從工聯會的角度而言，這次事件的發生和發展過程，是又一次印証了一個情況：基層工會因循守舊、缺乏敏銳的觸角、無危機意識、跟不上社會的發展，做事按步就班；工聯會總部方面，無科學的決策程序和系統。很多時候，看傳媒報導來作分析，判斷力不足，領導班子斷層，接班危機嚴重，覺得自己會員多、歷史長！

事件的經過，由於傳媒作了40天的廣泛報導，社會人士可參閱有關資料，筆者將過程從略。但是，筆者較有興趣分析最後的結果，和事件過後的發展！

2013年5月3日星期五傍晚，五個外判商（顯然是在得到HIT公司的授權！）宣佈：所有工人劃一加薪9.8%，無論接受與否，以後都不會出席任何談判了！筆者得到消息後，即時的感覺是：事件到此劃上句號，行動應該結束了吧？

　　但出乎意料，翌日周六下午的"員工大會"，竟然未了～因有員工不接受。令人想到，事件的發展是否出了職工盟的控制？還是職工盟要事件繼續，不想罷休呢？據現場採訪的記者透露：大會召開前，有人曾私下問李卓人，他表示要收貨喇！但為什麼又完不了呢？

　　根據本人的經驗(因為無人可以在場準確調查！)，嘗試整理分析：坐在台下的，有的是已經宣佈結業的判頭公司工人百多名(18/4宣佈結業的有高寶)，這些工友根本不存在復工或繼續罷工的問題，因為僱主早已不存在；另外極少部份是在工傷有薪假期間(註：1/5/2013星島報導，外判商高寶管理層指部份罷工工人一直請病假)，有些則是剛退休或已經剛離開公司的工友；真正在業而罷工的，很難準確辨識有多少。而且前後共派了七次錢，合共二萬元左右。選擇罷工的利益在那？這是否就是：構成了當日員工大會欲罷不能的場面呢？當然，這一切都是按邏輯來推理而已。

　　後來，據記者朋友相告，李卓人當日確實想收手，但面對這局面，唯有行多一步。他具體的做法是，去要求見張建宗局長，請資方將其公佈的方案，再用白紙黑字寫一次出來，作為向工人回應的下台階。這就是跟着的星期一，職工盟為甚麼態度180度轉彎、行動結束的原因。

　　工潮在6/5結束之後，職工盟23/6和30/6下午，分別在城市大學舉辦了兩節碼頭工潮研討會：「從碼頭工潮看香港工人運動」；和「從碼頭工潮看香港勞資關係」。及後亦舉辦了3場給大專生實習計劃詳見：(http://www.hkctu.org.hk/cms/article.jsp?article_id=982&cat_id=26和給予大專生參與的暑假實習計劃有3場，分別為：

1)由empower去到有power：工人組織的重要性

2)碼頭起義的辛酸：罷工從何而起

3)一起砌過的工人運動：香港工運淺談

https://www.facebook.com/permalink.php?story_fbid=10151687522821639&id=167632711638)。

　　在研討的過程中，回答為什麼選擇在貨運淡季去罷工？聞說

有人這樣解釋：「為免去得太盡，破壞之後的談判！」這解釋是否掩飾策略失誤？還是在過程中失控？我只會說，這是錯判形勢。聞說，曾任職工盟總幹事的鄧燕娥(李卓人的老婆)曾經慨嘆地說(大約意思)：幹了這麼多工作，職工盟的會員，多年未見多少增長(註：詳見：http://www.hkctu.org.hk/cms/article.jsp?article_id=982&cat_id=26)！

　　事件發生後，筆者曾分析事件過去之後，香港的貨櫃碼頭，將會是什麼局面？

　　首先，經香港貨櫃碼頭處理的貨櫃，有七成是轉口的。即表示有三成進出口貨物是自用和香港產品的出口，不能不用葵涌貨櫃碼頭(其實也是可以！)。即七成貨櫃是完全可以不經香港的。

　　其次，當年鄰近深圳有三個年處理量過千萬標準箱的港口。近年香港從世界第一，逐漸滑落，比上海和星加坡超過排第三，現在已經被深圳等港口超過而排行第七了！

　　還有一個重要訊號：和黃集團在工潮發生不久後，發了個新聞稿，內容是集團在全球賺取的利潤，香港貢獻佔13%，其中貨櫃碼頭只佔1%。

　　劉迺強先生2013年4月9日在報章的分析，貨櫃碼頭的地皮，如果補地價後建住宅，像現在的太古城和黃埔花園，集團利潤會是經營貨櫃碼頭的很多倍！之後不久，即5月4日頭條日報有篇文章，描述美國紐約一個港口，原本有三萬五千工人，由於實行了電腦化自動操作，只需要3200工人操作，人數大幅減少超過九成，這是多年前的事了，但證明技術上完全可行(現今中國大陸有些港口，已經實現全自動的無人操作了)。

　　綜合上述幾方面的因素，筆者非常擔憂，將來碼頭工人還有多少就業機會？作為負責任的工會，此次的行事方式方法，個人是極有保留的！工潮踏入35天，和黃高層霍建寧和馬德富，開始指責職工盟和李卓人，以爭取工人利益之名，從中獲取政治籌碼，形容工潮是「迷惑港人」及「危害香港」(註：1/5/2013 AM730 A8版報導)。

　　而且從事件開始後幾天，國際貨櫃碼頭宣佈，可以維持達86%的操作量，甚至有一晚超過九成！這種扼着老闆手臂、不痛

不癢的罷工方式，確實對資方威脅作用很低，面對工人就業威脅很大！按工會工作者的常識，罷工的先決條件，必須是扼着資方的咽喉(即憑實力和時機)，如果資方不答應勞方提出的要求的話，勞方就會再用力些，像1994年香港仔隧道和2008年機場地勤服務員的罷工事件一樣，資方就會氣絕(即損失慘重！)身亡，這才是真正的罷工！這次貨櫃碼頭罷工事件(選擇在貨運淡季罷工)，對資方毫無威脅的行動，按常理是工會絕對不應該發動的。除非根本沒有考慮員工的利益，那當別論！

後記：在2013年7月，更進一步傳出，和黃集團將旗下各零售集團，分拆及改變為與和黃集團無任何直接的關係。百佳超級市場是最早傳出放售的子公司。

後後記：2013年8月4日報載：警方拘捕四名27/3冲擊碼頭，引致五名保安員受傷的男子！

## 點評：

1. 工會運動的要旨，是工會的大聯合，壯大聲勢以吸引和團結更多的工人，目標是爭取工人的利益最大化。縱觀整理罷工的過程，見不到這樣的部署，更多見到的是背道而馳的做法；

2. 選擇資方的弱點，應該在最佳的時機，實施對資方最有威脅的動作，但是見不到這些該做的動作！集中針對最應該針對、最無良的資方，以爭取社會輿論的同情與支持，以增加勞方成功的機會，也見不到這樣的部署；

3. 宣稱所謂工運、社運、學運相結合的方針，變成了少數激進社工、學生會頭頭外，未見得到廣泛的支持。憑什麼提出這樣的口號？是否在香港有足夠的社會基礎這樣做？有沒有調查研究的數據支持？上述問題的答案都是"天曉得"！

4. 見不到成功爭取了什麼眼前利益，更甚的是犧牲了貨櫃碼頭工人的長遠利益——香港貨櫃碼頭的吞吐量節

節下跌，從世界第一跌到第七位或更後，工人失去了就業機會，爭取權益成了空中樓閣；

5. 踢開原來的合作工會，不講求工會之間的團結而獨自行動，多年來碼頭工會絲毫未見發展壯大；

6. 因為偏離工運太遠，故此筆者的結論只能是："徹底失敗"這四個字！

# 15

# 九巴數位車長罷工事件

## （2018年）

**發生日期：**2018年5月23日

**罷工地點：**尖沙咀麼地道巴士總站

**罷工人數：**大約三名左右九巴車長，包括葉蔚琳夫婦和另一名對打頭陣有保留的車長，「罷工」車長按比例約佔全公司車長的0.023%

**罷工時間：**約數分鐘

**對公司運作的實際影響：**極微

**對工會運動的影響：**在原來當年的九巴公司內五間工會之外，事後再增一間工會

**對九巴車長的薪酬福利增加：**沒有

## 事件的前因：

　　2018年2月10日一輛雙層巴士在大埔公路於行駛途中在大埔道翻側，造成19名乘客死亡、多人受傷。事件之後，涉事九巴司機被檢控及判刑；資方提出了一些改善車長待遇的方案，包括把安全獎金撥入底薪。

　　當年50歲的九巴女車長葉蔚琳和一些車長認為，這是公司偷天換日的做法，然後在部份車長之間引起了反彈。（註《逆權車長》葉蔚琳　白卷出版社第14頁）於是，葉蔚琳就組建一個whatsApp群組，一起談一談，看看有甚麼可以做。（註：同上第15頁）然後，她覺得在現代社會，要發起一件事，可能只需要一部手機！故此在手機上錄了一段音：「我發起，這個屬於我們的

組織，爭取這次的行動，有誰願意加入，就邀請他進入群組內商討對策，然後去政府總部請願也好，或要做什麼，然後再想，總之希望大家支持我。」據說，直至這一刻，同她一起同路線做車長的丈夫，並不知情！（註：同上第16頁）

令葉蔚琳感覺鼓舞的，是一天深夜下班後，有個二十多年前做過"工運"的朋友一起吃宵夜。這位朋友說：「他當年搞工運，爭取加薪，結果加了百分之一百。（我做了工會工作40多年，除了戰時最低薪的期間外，從未聽過近年有加薪一倍的個案！）」她聽得呆（似乎是相信？）了，「那位朋友教我，總之，要速戰速決。要殺對方一個措手不及。」葉蔚琳又解釋，「其實我也明白，因為我們不是普通公司，而是提供公共巴士服務的公司。一般對公司有用的做法，對九巴來說其實沒有用，一定要讓政府也介入才可以。所以要令公司著緊，真的要有一些行動。」又有一位車長朋友，說可以幫她搭路：「原來有個工會準備開記者會，說可以預留最後一部分，讓我發言，我便答應了。」結果，幾乎所有傳媒，都重點報導葉蔚琳！（註：同上第17、18頁）

自此之後，葉蔚琳一直等待公司找她談。但有人告訴她，公司會想方設法阻止行動，而不是和她談。（註：同上第19頁）

終於行動時間到了，當時應共有三架巴士在尖沙咀麼地道總站差不多時間開出，行在前頭的車長對自己排頭位停車塞路口有"保留"，那只好由葉蔚琳的車打頭陣。如是者，一如事先的約定，車子開出，在出口位置停下。也一如九巴資方的預計，車甫停下，早已準備在旁的九巴職員便現身。（註：同上第19頁）

事件往後的發展，基本上被九巴資方玩弄於股掌之上！

「罷工」行動的發起人葉蔚琳，縱觀整件事件的過程，她顯然是不知道工會是什麼？也不知道工運是什麼？雖然她在《逆權車長》中，講了數十次「工運」二字，但她顯然對此沒有基本的認識！她講了很多次爭取車長應有的權利，但這究竟要爭取什麼具體的東西？我們做了幾十年工會工作的人，也無法理解。只有一些"體諒員工"、"互相尊重"的比較虛的概念性說話。在電視的新聞報導中，始終是這幾句。

就連她在2018年5月在「逆權車長」這書的數百字的序中，

提到了共五次："工運開始"、"在工運中"、"在這次工運過程中"、"工運時"、"回顧工運"等等，但只是徒有"工運"二字，並無任何實質內涵。筆者花了88元購此本書，是希望好好學習，有所理解和得益的，但似乎是花了冤枉錢了！

其實，筆者對是否把此個案本書中羅列，是有所猶豫的。但作為一個多年的工會工作者，眼見"罷工"時，記者數目比罷工者多得多的場面，和過程中媒體剎有界事的報導，又覺得不應不提及此宗"罷工個(奇)案"。

現在，九巴「月薪車長大聯盟」究竟甚麼情況呢？筆者也有所好奇和希望多作了解，但無法找到有關的資料！

註：九巴舊制的車長是日薪的，新制車長則是月薪制。葉蔚琳本人是年資較短的月薪車長，可能這是她大聯盟採用此名稱的原因吧。

## 點評：

1. 發動罷工原因不明，爭取了什麼無人知道；

2. 以手機whatsApp和網上的群組中醞釀和發動的組織方式，有學者曾經研究，這種不見真身的做法，大約有3%的個案是有機會變為實質行動的。但這次"罷工行動"的個案，顯然在另外的97%不成事個案之內；

3. 發動罷工時曾經用"月薪車長大聯盟"的招牌，九巴公司內最少大約有5-7個類似工會的組織，除了傳統的左、右派工會會員較多外，其餘的則離離合合、會員不多，被資方視作透明、不予承認。港英政府原來高舉的「結社自由」的國際勞工公約，更是工運分裂的推手！

4. 事件是否罷工？難以肯定地說"是"。故必也無須再評論是否"罷工成功"了吧！

# 後記

　　香港開埠以來的百多年間，曾經發生過的罷工事件，數以百計。但礙於筆者的能力，和能夠收集到客觀和足夠資料的，暫時只是書中的個案。

　　筆者動筆構思此書時，曾經考慮把1967年反英抗暴事件中的總罷工、港九拯溺員工會連續十年的泳季期間罷工、屈臣氏、維他奶、雀巢等三次飲品公司的運輸工人罷工，還有反移交逃犯修例的所謂三罷，甚至2020年抗疫期間部份醫護人員罷工等媒介大篇幅報導，社會人士比較矚目的罷工事件，也放入此書並加以點評。

　　奈何上述個案，除了傳媒的碎片式報導之外，我無法從發動的組織，獲得足夠而翔實的資料。以拯溺員工會為例，現任的工會負責人說：筆者可參閱工會Facebook的網頁，但根本無法就事件發生時有多少成員參加？影響到政府康樂文化事務署有那些讓步？整個拯溺員職系的總人數、工會會員參與的比例、對市民的影響程度等等，都無法掌握足夠的資料等足以窺全豹，所以筆者最後唯有放棄。等待以後有足夠的、可資證實的資料時，再行補充收錄。

2021年5月